Polyglott-Reiseführer

Elba

Monika Pelz

Polyglott Verlag München

Langenscheidt Mini-Dolmetscher

Allgemeines

Guten Tag.	Buongiorno. [buon**dseho**rno]
Hallo!	Ciao! [**tschao**]
Wie geht's?	Come sta? [**ko**me sta]
Danke, gut.	Bene, grazie. [**bä**ne **gra**zje]
Ich heiße ...	Mi chiamo ... [mi **kja**mo]
Auf Wiedersehen.	Arrivederci. [arriwe**der**tschi]
Morgen	mattina [ma**tti**na]
Nachmittag	pomeriggio [pome**ridseho**]
Abend	sera [ß**e**ra]
Nacht	notte [**no**tte]
morgen	domani [do**ma**ni]
heute	oggi [**odsehi**]
gestern	ieri [**jä**ri]
Sprechen Sie Deutsch?	Parla tedesco? [**par**la te**des**ko]
Wie bitte?	Come, prego? [**ko**me **prä**go]
Ich verstehe nicht.	Non capisco. [non ka**pis**ko]
Sagen Sie es bitte nochmals.	Lo può ripetere, per favore. [lo puo ri**pä**tere per fa**wo**re]
..., bitte.	..., per favore. [per fa**wo**re]
danke	grazie [**gra**zje]
Keine Ursache.	Prego. [**prä**go]
was / wer / welcher	che / chi / quale [ke / ki / **kua**le]
wo / wohin	dove [**do**we]
wie / wieviel	come / quanto [**ko**me / **kuan**to]
wann / wie lange	quando / quanto tempo [**kuan**do / **kuan**to **täm**po]
warum	perché [per**ke**]
Wie heißt das?	Come si chiama? [**ko**me ßi **kja**ma]
Wo ist ...?	Dov'è ...? [do**wä**]
Können Sie mir helfen?	Mi può aiutare? [mi puo aju**ta**re]
ja	sì [ßi]
nein	no [no]
Entschuldigen Sie.	Scusi. [**sku**si]
Das macht nichts.	Non fa niente. [non fa **njän**te]

Sightseeing

Gibt es hier eine Touristeninformation?	C'è un ufficio di turismo qui? [**tschä** un u**ffits**cho di tu**ris**mo kui]
Haben Sie einen Stadtplan / ein Hotelverzeichnis?	Ha una pianta della città / un annuario alberghi? [a una **pjan**ta **de**lla **tschi**tta / un a**nnuar**jo al**bär**gi]
Wann ist ... geöffnet?	A che ora è aperto (m.) / aperta (w.) ...? [a **ke** ora ä a**pär**to / a**pär**ta]
geschlossen	chiuso (m.) / chiusa (w.) [**kju**so / **kju**sa]
das Museum	il museo (m.) [il mu**se**o]
die Kirche	la chiesa (w.) [la **kjä**sa]
die Ausstellung	l'esposizione (w.) [lesposi**zjo**ne]
Wegen Restaurierung geschlossen.	In restauro. [in res**tau**ro]

Shopping

Wo gibt es ...?	Dove posso trovare ...? [**do**we **po**sso tro**wa**re]
Wieviel kostet das?	Quanto costa? [**kuan**to **kos**ta]
Das ist zu teuer.	È troppo caro. [ä **tro**ppo **ka**ro]
Das gefällt mir (nicht).	(Non) mi piace. [(non) mi **pjat**sche]
Gibt es das in einer anderen Farbe / Größe?	Ce l'ha anche di un altro colore / un'altra taglia? [tsche la **ang**ke di un altro ko**lo**re / un altra **tal**ja]
Ich nehme es.	Lo prendo. [lo **prän**do]
Wo ist eine Bank?	Dov'è una banca? [do**wä** una **bang**ka]
Ich suche einen Geldautomaten.	Dove posso trovare un bancomat? [**do**we **po**sso tro**wa**re un **bang**ko**mat**]
Geben Sie mir 100 g Käse / zwei Kilo Pfirsiche	Mi dia un etto di formaggio / due chili di pesche. [mi dia un **ä**tto di for**madseho** / **due** kili di **päs**ke]
Haben Sie deutsche Zeitungen?	Ha giornali tedeschi? [a **dseho**rnali te**des**ki]
Wo kann ich telefonieren / eine Telefonkarte kaufen?	Dove posso telefonare / comprare una scheda telefonica? [**do**we **po**sso tele**fo**nare / kom**pra**re una **ske**da tele**fo**nika]

Notfälle

Ich brauche einen Arzt / Zahnarzt.	Ho bisogno di un medico / dentista. [o bi**son**jo di un **mä**diko / den**tis**ta]

Rufen Sie bitte einen Krankenwagen / die Polizei.	Chiami un'ambulanza / la polizia, per favore. [kjami un_ambulanza / la polizia per fawore]
Wir hatten einen Unfall.	Abbiamo avuto un incidente. [abbjamo awuto un intschidänte]
Wo ist das Polizeirevier?	Dov'è la polizia? [dowä la polizia]
Ich bin bestohlen worden.	Mi hanno derubato. [mi anno derubato]
Mein Auto ist aufgebrochen worden.	Hanno forzato la mia macchina. [anno forzato la mia makkina]

Essen und Trinken

Die Speisekarte, bitte.	Il menu per favore. [il menu per fawore]
Brot	pane [pane]
Kaffee	caffè / espresso [kaffä / esprässo]
Tee	tè [tä]
mit Milch / Zucker	con latte / zucchero [kon latte / zukkero]
Orangensaft	succo d'arancia [sukko darantscha]
Mehr Kaffee, bitte.	Un altro caffè, per favore. [un altro kaffä per fawore]
Suppe	minestra [minästra]
Nudeln	pasta [pasta]
Fisch / Meeresfrüchte	pesce / frutti di mare [pesche / frutti di mare]
Fleisch	carne [karne]
Geflügel	pollame [pollame]
Beilage	contorno [kontorno]
vegetarische Gerichte	piatti vegetariani [pjatti wedsehetarjani]
Ei	uovo [uovo]
Salat	insalata [inßalata]
Dessert	dolci [doltschi]
Obst	frutta [frutta]
Eis	gelato [dsehelato]
Wein	vino [wino]
weiß / rot / rosé	bianco / rosso / rosé [bjangko / rosso / rose]
Bier	birra [birra]
Aperitif	aperitivo [aperitiwo]
Wasser	acqua [akua]
Mineralwasser	acqua minerale [akua minerale]
mit / ohne Kohlensäure	gassata / naturale [gassata / naturale]
Frühstück	prima colazione [prima kolazjone]
Mittagessen	pranzo [prandso]
Abendessen	cena [tschena]
eine Kleinigkeit	uno spuntino [uno spuntino]
Ich möchte bezahlen.	Il conto, per favore. [il konto per fawore]
Es war sehr gut / nicht so gut.	Era molto buono. / Non era buono. [ära molto buono / non ära buono]

Im Hotel

Ich suche ein gutes / nicht zu teures Hotel.	Cerco un buon albergo / un albergo economico. [tscherko un buon albärgo / un albärgo ekonomiko]
Ich habe ein Zimmer reserviert.	Ho riservato una camera. [o riserwato una kamera]
Ich suche ein Zimmer für ... Personen.	Cerco una camera per ... persone. [tscherko una kamera per ... perßone]
Mit Dusche und Toilette.	Con doccia e servizi. [kon dotscha e serwizi]
Mit Balkon / Blick aufs Meer.	Con balcone / vista sul mare. [kon balkone / wista sul mare]
Wieviel kostet das Zimmer pro Nacht?	Quanto costa la camera per notte? [kuanto kosta la kamera per notte]
Mit Frühstück?	Con prima colazione? [kon prima kolazjone]
Kann ich das Zimmer sehen?	Posso vedere la camera? [posso vedere la kamera]
Haben Sie ein anderes Zimmer?	Avete un'altra camera? [awete un_altra kamera]
Das Zimmer gefällt mir (nicht).	Mi piace la camera. / La camera non mi piace. [mi pjatsche la kamera / la kamera non mi pjatsche]
Kann ich mit Kreditkarte bezahlen?	Posso pagare con carta di credito? [posso pagare con karta di kredito]
Wo kann ich parken?	Dove posso mettere la macchina? [dowe posso mettere la makkina]
Können Sie das Gepäck in mein Zimmer bringen?	Mi può portare i bagagli in camera? [mi puo portare i bagalji in kamera]
Haben Sie einen Platz für ein Zelt / einen Wohnwagen / ein Wohnmobil?	C'è ancora posto per una tenda / una roulotte / un camper? [tschä angkora posto per una tända / una rulott / un kamper]
Wir brauchen Strom / Wasser.	Abbiamo bisogno di corrente / acqua. [abbjamo bisonjo di korränte / akua]

INHALT

Allgemeines

Editorial	S. 7
Die ganze Toskana auf einer Insel	S. 8
Geschichte im Überblick	S. 12
Kultur gestern und heute	S. 16
Fischsuppe zum Elba bianco	S. 19
Urlaub aktiv	S. 22
Reisewege	S. 24
Unterkunft	S. 25
Praktische Hinweise von A–Z	S. 93
Register	S. 95

Stadtbeschreibung

Portoferraio – Die einzige Stadt der Insel   **S. 26**

Italienischen Alltag gilt es in den steilen Gässchen der Altstadt zu entdecken, die ihr Flair bewahrt hat, und natürlich Napoleons Villa.

Routen

Route 1 — **Wasserspaß am Meer, Kultur mit Napoleon**   **S. 36**

Der schönste Strand der Insel wartet in Biodola, schnittige Surfer und prickelndes Leben am Strand von Procchio.

Route 2 — **Die grüne Seite Elbas**   **S. 43**

Idyllische Bergstädtchen wie Sant'Ilario und Poggio verheißen ruhige Ferien in der Natur, Marciana Marina bezaubert durch einheimische Atmosphäre.

Route 3 — **Der einsame Westen**   **S. 53**

Die einstige Inselhauptstadt Marciana Alta fiel im 17. Jh. in einen Dornröschenschlaf, aus dem der beschaulich ruhige Westteil der Insel gerade erst erwacht.

INHALT

Routen

Route 4 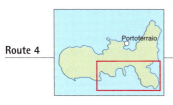 **Wundervolle Sandstrände und schöne Wanderungen durch die Macchia** S. 64

Pralles Leben findet man in Marina di Campo und Capoliveri – einsam wandert man durch die grüne Natur Calamitas.

Route 5  **Die Eisenregion** S. 75

Die Spuren des 2000-jährigen Eisenabbaus prägen den Ostteil der Insel noch heute. Pulsierendes Leben charakterisiert hingegen das Städtchen Porto Azzurro.

Route 6  **Ein bisschen (Wein-)Kultur** S. 87

Römische Villa, romanische Kirche, romantische Fluchtburg: Auch ein Gläschen des hervorragenden Inselweins zählt auf dieser Route zum Kulturgenuss.

Bildnachweis

Alle Fotos Monika Pelz außer Archiv für Kunst und Geschichte, Berlin: 13/2–3; Bildarchiv Steffens/Werner Heidt: 79/1; Werner Dieterich: 6, 7/2, 15, 19/2, 23/1, 25/1, 27, 29/2, 35, 39/1, 41, 43/2, 47/1, 49/1–2, 51/1, 53/3, 59/1, 61/1, 63/2–3, 65/1, 71/1, 75/3, 77/3, 83/2, 87/2, 89/1–2; Peter Eckert: 11/1, 37/1, 45/1; Elisabeth Galikowski: 33/3, 39/3, 45/3, 47/2; Oliver A. Krist: 7/1, 21/2, 25/3, 33/1, 37/3, 39/2, 59/3, 67/3, 71/3, 73, 87/3, 89/3; Herbert Hartmann: Umschlag (Bild); Superbild/Bernd Ducke: Umschlag (Flagge).

Editorial

Mediterrane Atmosphäre, im Sonnenlicht glitzerndes Wasser, grüne Hügel und Berge, freundliche Menschen – Elba entspricht der Vorstellung von einem heiteren Urlaubsziel in seiner ganzen Vielfalt. Kleine, freundliche Bergstädtchen vervollständigen diesen Eindruck von einem weit vom Alltagsstress entfernten Ort. Die abwechslungsreiche Landschaft hält mehr bereit als nur Sonne, Strand und Wasser. Das Massiv des Monte Capanne bildet den imposanten Kontrast zur lieblichen Landschaft Mittelelbas, die seit Jahrhunderten von den Bewohnern in eine Parklandschaft verwandelt wurde.

Napoleon-Denkmal im Garten von San Martino

Toskanisch muten die sanften Hügel mit ihren Weinreben, Zypressen, Olivenbäumen und Schirmpinien an. Die dichte, duftende und blühende Macchia, die Elba an vielen Stellen überzieht, verleiht der Insel einen südlichen Charakter, den das milde Klima noch unterstreicht. Und nicht zuletzt der seit der Antike betriebene Eisenerzabbau trug zur Faszination Elbas bei: Die aufgewühlte, ausgelaugte rote Erde schimmert durch das Grün der Macchia, mineralienhaltige Strände, im Sonnenlicht blinkende Steine zählen zu den Eigenarten, die Elba aus der Masse der Mittelmeerinseln herausheben.

Fischer in Rio Marina

Neben dieser nie langweilig wirkenden Natur bietet Elba einige Kulturzeugnisse für Interessierte – und Napoleonfans können dem Kaiser auf Schritt und Tritt über die Insel folgen. Das ganze Eiland gilt es zu entdecken, man sollte sich von seinem Zauber einfangen lassen und nicht nur die Traumstrände besuchen. Dem Wanderer wird sich eine mediterrane Welt in all ihrer Schönheit und Vielfalt öffnen ...

Der blaue Hafen Elbas – Porto Azzurro

Die Autorin

Monika Pelz, geboren 1962 in Traunstein, studierte in München, Florenz und Pisa Geschichte, Politologie und italienische Linguistik. Durch langjährige Aufenthalte in der Toskana hat sie Land und Leute kennen und schätzen gelernt. Von ihr wurden auch die Polyglott-Reiseführer „Toskana", „Florenz", „Umbrien" und „Apulien/Kalabrien" geschrieben.

Die ganze Toskana auf einer Insel

Reif für die Insel? Am Strand faulenzen, sich die Sonne auf den Bauch scheinen lassen, den sanft heranrollenden Wellen zusehen – so können gestresste Erholungssuchende ihren Urlaub auf Elba gestalten. Für Aktivere bietet sich ein Spaziergang oder eine größere Wanderung in Elbas Hügeln und Bergen an.

Tipp Die Schönheiten der Insel erschließen sich am besten bei einer **Wanderung** in die duftende und blühende mediterrane Welt. Das Naturerlebnis wird stets durch großartige Ausblicke auf die Insel und das Meer ergänzt (s. S. 48, 55 f., 57, 74, 86, 88).

Lage und Landschaft

Wie ein Fisch schwimmt Elba 10 km von der toskanischen Küste entfernt im Tyrrhenischen Meer. Im Westen erhebt sich der überdimensionale Kopf mit dem höchsten Berg, dem Monte Capanne (1018 m). In der Mitte bilden die beiden ins Meer ragenden Vorsprünge (von Portoferraio bis zum Kap Enfola im Norden sowie das Kap Stella im Süden) die Rücken- und Bauchflossen. Die ausgeprägte Schwanzflosse im Osten akzentuiert die nur 2,5 km breite Landzunge zwischen dem Golf von Stella und dem Strand von Mola.

Den drei Teilen des Fischkörpers entsprechen die drei unterschiedlichen Landschaftstypen Elbas. Das Granitmassiv des Monte Capanne dominiert im *Westen*, sein Gebirgscharakter erinnert an den Apennin der nördlichen Toskana. Kastanienwälder bedecken den Granit an der Nordseite des Massivs um Poggio und Marciana Alta, während an der südlichen Seite eine eher spärliche Vegetation im Sommer an vielen Stellen den nackten Fels hervortreten lässt. Große Granitplatten bieten Sonnenanbetern in den kleinen Badebuchten hier ideale „Liegeflächen". In die „klassische" Toskana glaubt man sich in *Mittelelba* versetzt: Olivenhaine, Weinberge, Zypressen und Schirmpinien überziehen die hügelige Landschaft. Weite Sandstrände laden zum Baden und Wassersport ein. Im *Osten* Elbas schimmert der eisenhaltige und mineralienreiche Boden überall rötlich durch die dichte immergrüne Macchia der wieder auf 500 m ansteigenden Hügel.

Klima und Reisezeit

Elbas Winde

Im Hochsommer wird die Hitze selten unerträglich, da auf Elba dann häufig der *Ponente*, ein Westwind, weht. Der heiße *Scirocco* bringt im Winter und Frühjahr angenehme Temperaturen aus Nordafrika mit, während man zur gleichen Zeit beim kalten *Maestrale* aus Nordwesten froh über einen warmen Pullover ist. Der *Tramontana* direkt aus dem Norden kann so manchen sonnigen Herbsttag empfindlich abkühlen.

Die beste Reisezeit für Elba? Hängt ganz davon ab, was man auf Elba machen möchte. Das milde, relativ trockene Klima lädt ganzjährig ein. Ideal zum Baden, Sonnen und für den Wassersport sind die Sommermonate. Im April und Mai können sich Sonnenhungrige schon an den Strand legen. Das kühle Nass ist in diesen Monaten wirklich noch kühl, während es nach der langen Aufwärmphase in den Sommermonaten noch bis in den Oktober hinein angenehm zum Schwimmen bleibt. Wandern, Mountainbike fahren oder reiten sollte man trotz eines möglichen Regenschauers lieber im Herbst oder Frühjahr, da es im Sommer zu heiß ist.

DIE GANZE TOSKANA AUF EINER INSEL

Am schönsten wandert man im Frühjahr. Die grüne Macchia verschwindet dann in einem Blütenmeer. Man wird – außer an den Osterfeiertagen – die landschaftlichen Reize der Insel noch in relativer Ruhe genießen können, im Sommer hingegen zählt Elba zu den beliebtesten Reisezielen italienischer wie deutscher Urlauber. Ruhe und einsame Strände wird man dann oft vergeblich suchen. Der Winter dagegen verspricht ungestörte Strandspaziergänge, geruhsame Vormittage im Hafencafé und blühende Mimosen im Februar – im Winter bietet Elba vor allem viel, viel Ruhe und Erholung.

Natur

Natur lautet in dieser Ecke der sonst so kunstsinnigen Toskana das Zauberwort: Weiße Sandstrände in Mittelelba, Kastanien- und Korkeichenwälder im Norden unterhalb des Monte Capanne, mächtige Granitfelsen, die durch Auswaschung bizarre Formen bilden (schön zu sehen bei der Kirche Madonna del Monte), nehmen hier die erste Stelle ein – sowie die blühende und duftende Macchia. Die wenigen noch verbliebenen Kulturzeugnisse vergangener Jahrhunderte treten in den Hintergrund – oder haben mit Natur zu tun. Die terrassenförmig angelegten Felder und Gärten um Capoliveri sowie im Westteil der Insel passen sich in die Landschaft ein, gestalten ihre Oberfläche wie die Weinberge und Olivenhaine Mittelelbas. Dominiert wird die Insel jedoch überall von der Macchia, die selbst die aufgegebenen Terrassenfelder im Südwesten Elbas wieder überwuchert – genauso wie die seit 1982 geschlossenen Erzminen auf der Halbinsel Calamita und in der Gegend um Rio. Hier bedeutet „Natur" ein Ensemble aus rostroten erzhaltigen Böden und Schlacken, verrostenden Minen- und Verladeanlagen, grüner Macchia und blauem Meer. Apropos Meer: Die artenreiche Meeresfauna macht die Insel zu einem Tauchparadies mit kleinen Korallenbänken und Schwamman-

Macchia

Das Wort *Macchia* stammt vom französischen *Maquis* und bedeutet *Zistrose*. Die weiß oder rosa blühende Pflanze mit ihren leicht klebrigen Blättern gab dieser Form des niedrigen Buschwaldes ihren Namen. Zu einem fast undurchdringlichen Gestrüpp vereinigen sich hier Mini-Steineichen, wilde Olivenbäume (Oleaster), Mastixbäume (weinrote kleine Früchte), Erdbeerbäume (mit kugelförmigen roten oder gelben Früchten, Erdbeeren nicht unähnlich), weiß oder zartrosa blühende Baumheide (ähnelt dem Heidekraut). Überall leuchten im Frühjahr in der Macchia vier verschiedene gelbe Ginsterarten. Der typische Geruch der Macchia, der die ganze Insel in ein einzigartiges Aroma hüllt, entsteht, wenn die kleinen, oft dornigen Blätter und Stämme an warmen Sonnentagen ätherische Öle abgeben. Verstärkt wird dieser Duft noch durch unzählige Kräuter wie Lavendel (dunkelblau blühend), Rosmarin (hellblau), Fenchel (gelblich), Thymian (blassblau), Salbei (dunkellila) oder Minze (blassrosa bis lila), die vor allem im besonders niedrigen Macchiagebüsch (als *Garrigue* bezeichnet) vorkommen.

DIE GANZE TOSKANA AUF EINER INSEL

sammlungen. Die Fauna der Insel selbst kann nur mit Geckos und Eidechsen als „Besonderheiten" aufwarten. Einzig die giftige Aspisviper (am etwas abgesetzten Kopf, dem plumpen Körper sowie dem Stummelschwanz erkennbar) kann für ungewollte Aufregung sorgen.

Elbaner Traditionen verschwinden

Die echten Elbaner werden immer weniger! Viele Festlanditaliener zieht es aufgrund guter Arbeitsmöglichkeiten im Tourismus sowie der geringen Umweltbelastung auf die Insel. So verzeichnet der Toskanische Archipel die prozentual höchste Bevölkerungszunahme der gesamten Toskana.

Zuwanderer und der Tourismus veränderten die Lebensgewohnheiten der Insulaner. In den traditionellen *Cantinas*, eine Art 1-Zimmer-Apartment, in dem auch der Wein gekeltert und aufbewahrt wurde, wohnt heute fast niemand mehr. Viele dieser Wohnräume werden als komfortable Ferienwohnungen vermietet. Auch die mühsame Bestellung der Weingärten auf den Terrassen im Westteil der Insel über den Orten Chiessi oder Pomonte geben immer mehr Elbaner auf. Einzelne Terrassen erkennt man noch, auch wenn die Macchia schon wieder Besitz von ihnen ergriffen hat. Vielleicht hat man Glück und es kommt gerade einer der letzten Alten mit voll bepacktem Esel die neue Küstenstraße entlang, die Westelba aus seinem Dornröschenschlaf riss und touristisch erschloss. Mehr „Brauchtum" wird man auf Elba wohl kaum finden. Selbst die *Caprili*, kleine runde, ohne Mörtel errichtete Steinhütten, die einst den Ziegenhirten (*capra*-Ziege) als Schutz dienten, werden heute von Wanderern an der Südwestflanke des

Steckbrief

Lage: 10 km vor der toskanischen Küste, 50 km östlich von Korsika; mit den Inseln Gorgona, Capraia, Pianosa, Montecristo, Giglio und Giannutri (von N nach S) bildet Elba den toskanischen Archipel.

Größe: 224 km², drittgrößte Insel Italiens nach Sizilien (25 460 km²) und Sardinien (24 100 km²), größte Insel des Toskanischen Archipels.

Länge: 27 km.

Breite: 18 km, schmalste Stelle 3,5 km zwischen Procchio und Marina di Campo.

Höchste Berge: Monte Capanne 1018 m im Westen, im Osten Cima del Monte 516 m bei Rio nell'Elba und Monte Calamita 413 m bei Capoliveri.

Bodenbeschaffenheit: Westen – Granitmassiv; Mittelelba – Sedimentgesteine wie Sand- und Kalkstein, lehmhaltiger Schiefer, sowie harter Granitporphyr; Osten – Magnetit, Eisenerze, Kiese, die aus kristallisierten Kalksteinen entstanden.

Landwirtschaftlich genutzte Fläche: 1650 ha = 7,4 %; davon 400 ha für Weinbau = 24,2 %, 47 ha für Olivenbäume = 2,8 %.

Wald: 3143 ha (1990) = 14 %.

Bevölkerung: 29 700 Einwohner = 8,8 % der 337 500 Einwohner der Provinz Livorno.

Verwaltung: Elba gehört zur Provinz Livorno; Gliederung in acht Gemeinden (Campo nell'Elba, Capoliveri, Marciana, Marciana Marina, Porto Azzurro, Portoferraio, Rio Marina, Rio nell'Elba).

Größte Gemeinden: Portoferraio mit 11 900, Campo nell'Elba mit 4350 und Porto Azzurro mit 3250 Einwohnern.

DIE GANZE TOSKANA AUF EINER INSEL

Monte Capanne als touristische Attraktionen aufgesucht. Hirten wird man auf Elba nur noch selten begegnen.

Wirtschaft und Umwelt

Früher: *Eisen einladen* – heute: *Touristen ausladen*. So kann man die Wirtschaft Elbas auf einen Nenner bringen. Seit der Antike wurde auf der Insel Eisenerz abgebaut – bis 1982. Dann legte man die letzte Erzmine still. Nicht etwa, weil nichts mehr zum Abbauen da wäre (die größten Lagerstätten Italiens liegen auf Elba), sondern weil billiges Importeisen den Abbau unrentabel macht.

Parallel zum Niedergang des Bergbaus entwickelte sich die Insel zu einer Touristenhochburg. Heute finden 63% der Bevölkerung in diesem Bereich ihr Auskommen. Betriebe der Schwerindustrie gab es auf der Insel nur bis 1944, als sämtliche Hochöfen in Portoferraio durch Luftangriffe zerstört wurden. Eine Zementfabrik existierte noch bis Ende der 60er Jahre, 1995 wurde nun auch die letzte Fischfabrik in Marciana Marina geschlossen. Die landwirtschaftlich genutzte Fläche ging in 20 Jahren um zwei Drittel auf 1650 ha zurück. Der Weinbau, bis zum Tourismusboom neben Eisenerz wichtigster Wirtschaftsfaktor Elbas, produziert meist nur noch für den Eigenbedarf – außer in wenigen gut organisierten Betrieben, die auf geringe Mengen und hohe Qualität setzen.

Die Abhängigkeit von der „Monokultur" Tourismus förderte bei vielen Elbanern den Gedanken des Umweltschutzes. Intakte Natur, gute Wasserqualität, der Landschaft angepasste Bauten – nach jahrelangem Kampf zwischen Befürwortern, die die weitere Bebauung der Insel verhindern wollten, und Gegnern, die eine Beschränkung zukünftiger Projekte befürchteten, wurde 1996 der Naturpark Toskanischer Archipel eingerichtet. Der Park umfasst 60 000 ha und soll die Natur auf den Inseln und ihre umliegenden Meeresgewässer nun besser schützen.

Die wildzerklüftete Südwestküste Elbas

Geschichte im Überblick

Ab 3000 v. Chr. Ackerbauern und Hirten besiedeln Elba.

Um 1000 v. Chr. Handelsschiffe aus Kleinasien fahren Elba an (Kupferabbau).

Um 700 v. Chr. Beginn des etruskischen Einflusses.

Ab 500 v. Chr. Blütezeit des Eisenabbaus, Elba wird von Phöniziern, Griechen und Karthagern angefahren.

Ende 5. Jh. v. Chr. Bau etruskischer Wachfestungen auf den Hügeln.

Um 250 v. Chr. Römische Eroberung Elbas; Eisen- und Granitabbau.

1. Jh. v. Chr.–2. Jh. n. Chr. Nachlassen der Eisenförderung, Elba wird zum Durchgangshafen; römische Villenkultur.

Völkerwanderungszeit Allgemeiner Niedergang auch auf Elba.

Ab 6. Jh. Elba gehört zunächst zu Byzanz, wird dann langobardisch, Eremiten und Mönche lassen sich auf den fast unbewohnten Inseln nieder.

8.–10. Jh. Sarazenische Piraten nutzen die Insel als Stützpunkt.

11. Jh. Beginn der pisanischen Präsenz; politischer, ökonomischer, administrativer und kirchlicher Wiederaufbau; Sicherung der Insel durch Festungsbau gegen die Sarazenen; Wiederaufnahme der Eisen- und Granitförderung; Kirchenbauten.

1399 Der Pisaner Stadtherr Gherardo Appiano verkauft Pisa an den Herrn von Mailand, Gian Galeazzo Visconti, und behält für sich ein kleines Territorium um Piombino sowie die Inseln Elba, Pianosa und Montecristo.

Bis 1603 Die Appiani versuchen durch geschickte Heirats- und Bündnispolitik ihre Herrschaft zu sichern, können aber die Insel nur ungenügend vor türkischen, spanischen, neapolitanischen, päpstlichen, französischen und Genueser Angriffen schützen.

1509 Kaiser Maximilian I. legalisiert die Appiani-Herrschaft.

1548 Kaiser Karl V. verkauft den Staat der Appiani an den Medici-Herzog Cosimo I., der Portoferraio zur Festung Cosmopoli ausbaut.

1557 Cosimo I. erhält endgültig Portoferraio, die Appiani können den Reststaat mit Elba und Piombino wieder in Besitz nehmen.

1603 Tod des letzten legitimen Appiani Jacopo VII., die Spanier sichern sich ihren Einfluss auf der Insel durch den Bau der Festung Longone (Porto Azzurro), Rudolf II. zieht das Lehen ein.

1635 Niccolò Ludovisi erhält das Fürstentum Piombino mit Elba außer der

Napoleon (1769–1821)

„Elbaner, ich hinterlasse Euch Frieden. Ich hinterlasse Euch Wohlstand. Ich hinterlasse Euch eine saubere, schöne Stadt. Ich hinterlasse Euch meine Straßen und Bäume, für die Eure Kinder mir danken werden." Mit diesen Worten verabschiedete sich Napoleon am 26. Februar 1815 von der Insel, die er am 4. Mai 1814 zum ersten Mal betrat.

Ganz Unrecht hatte Napoleon nicht. In Frankreichs Kriegen nach der Revolution von 1789 kam der kleine Korse nach oben. Seine militärischen Erfolge sicherten 1802 im Frieden von Amiens auch Elba für Frankreich. 1804 ließ er sich zum Kaiser ausrufen, eroberte in den folgenden Jahren halb Europa und musste nach seiner Niederlage in der Völkerschlacht bei Leipzig (Okt. 1813) gegen Preußen, Österreich, Russland

GESCHICHTE IM ÜBERBLICK

Stadt Portoferraio (Großherzogtum Toskana) und Longone (Spanien).

17./18. Jh. Kämpfe der Franzosen, der Spanier, Engländer und kaiserlicher Truppen um die strategisch wichtige Insel.

1802 Die ganze Insel wird französisches Gebiet.

1814 Am 3. Mai Beginn der 300 Tage Napoleons auf der Insel.

1815 Elba wird wieder Teil des Großherzogtums Toskana.

1860 Die Insel schließt sich dem neu entstandenen Königreich Piemont-Sardinien an.

Anfang 20. Jh. Ausbau der Hochöfen in Portoferraio.

Elba erreicht mit 30 000 Einwohnern seinen höchsten Bevölkerungsstand.

1944 Bombardierung und totale Zerstörung der Hochöfen.

1950 Beschluss der italienischen Nachkriegsregierung, Elba zum Touristenzentrum auszubauen.

1982 Schließung der letzten Eisenerzmine der Insel.

1996 Der Nationalpark Toskanischer Archipel wird eingerichtet.

1997 Das Nationalparkbüro in Portoferraio nimmt seine Arbeit auf.

Der Eisenerzabbau war 2000 Jahre ein gutes Geschäft – heute sind alle Minen stillgelegt

Cosimo I.

und Schweden abdanken. Der Vertrag von Fontainebleau (2. April 1814) regelte die Zukunft des Kaisers: seine Verbannung nach Elba. Den Titel durfte er behalten, 700 Infanteristen und 150 Kavalleristen konnte er mitnehmen, der neue französische König Ludwig XVIII. sollte ihm zwei Millionen Francs im Jahr zahlen – was er nie tat. Napoleon traf am 3. Mai 1814 vor der Insel ein, die er um 15.30 Uhr des

Napoleon I. Bonaparte in der Verbannung auf Elba

Polyglott 13

GESCHICHTE IM ÜBERBLICK

nächsten Tages betrat. Die neue weiße Fahne Elbas mit rotem Diagonalstreifen und drei Bienen (für Portoferraio, Rio nell'Elba und Marciana Alta) wehte bereits, die Menge jubelte, doch Bürgermeister Traditi fand die Stadtschlüssel nicht und überreichte stattdessen seine vergoldeten Kellerschlüssel.

Rastlos trieb es den Kaiser über die Insel: Seine Unterkunft im Rathaus gefiel ihm nicht – in nur zwei Wochen baute man das ehemalige Gerichtsgebäude der Medici, das gut geschützt über Portoferraio zwischen den beiden Forts thronte, zur Villa dei Mulini um. Während eines Ausflugs verliebte er sich in das idyllische Tal von San Martino – bereits im August konnte er in seinem neuen Landsitz Feste feiern. Schwesterchen Paolina stiftete ihre Klunker für den Bau. Doch dem Kaiser war's zu heiß hier: Vom 23. August bis zum 5. September weilte er in der Einsiedelei von Madonna del Monte. Frische, kühle Bergluft, der Blick nach Korsika und ein Besuch seiner Geliebten, der polnischen Gräfin Walewska, versüßten Napoleon den Aufenthalt. Nach ihrer Abreise versuchte es der Kaiser mit Porto Azzurro. Er ließ die Festung Longone als Palast herrichten.

Während seines Aufenthaltes bemühte sich Napoleon, sein Reich auf Vordermann zu bringen. Er baute eine erste Straße nach Porto Azzurro, begann die Strecke nach Lacona, ordnete die Verwaltung. Finanznöte trieben ihn zur verstärkten Eisenerzförderung, zur Salzgewinnung in den Salinen bei San Giovanni, ließen ihn die Rebstöcke auf nie wieder erreichte 32 Millionen aufstocken und den von den Medici eingeführten Thunfischfang wieder beleben. Doch Eisen, Salz, Wein und Fisch konnten seine vielen Vorhaben nicht finanzieren, neue Steuern wurden eingeführt. Wie hart Napoleon durchgreifen konnte, zeigte er, als sich Capoliveri weigerte zu zahlen: Der Pfarrer, der Bürgermeister und die Honoratioren wurden verhaftet, bis die Gemeinde ihren Verpflichtungen nachkam!

Sauberes Portoferraio

Der Unrat auf Portoferraios Straßen störte den Kaiser, der sich beim zuständigen Beamten beschwerte: „Der Herr Corsi, der mit der Reinigung beauftragt ist, übt seine Tätigkeit schlecht aus, oder überhaupt nicht." Ein neuer Straßenreiniger sollte eingestellt werden. Drastische Gebühren für Säumige verliehen einer weiteren Hygienemaßnahme des Kaisers Nachdruck: „Jeder Hausbesitzer muss – innerhalb von zwei Monaten – (Abwasser-)Gräben ziehen und Latrinen bauen."

Doch die Einsamkeit nach der Abreise Walewskas, Gerüchte über eine Verbannung auf die Azoren, Spannungen unter den Alliierten (Frankreich, Österreich und England verbündeten sich gegen Preußen und Russland) mögen ihn bewogen haben, sein Exil zu verlassen und sich noch einmal auf Europas Bühne zu begeben. Gleichzeitig Unterhaltung und Ablenkung seines Bewachers, des englischen Oberst Campbell, waren daher der Ausbau von Longone, die Errichtung des Theaters in Portoferraio, die vielen Feste, Konzerte, Bälle. Die Täuschungsmanöver zeigten Wirkung. Während einer Livornoreise des Obersts nutzte der Kaiser die Gelegenheit und verließ am 26. Februar 1815 Elba. Seine Karriere endete am 18. Juni in der Schlacht von Waterloo, den Rest seiner Jahre musste er erneut im Exil auf der Insel St. Helena verbringen, wo er am 5. Mai 1821 starb. Wohlstand brachte Napoleon der Insel, ohne Zweifel: Seine Exilzeit machte Elba bekannt, seine Spuren werden heute vermarktet. Dass die Elbaner nicht einem Napoleon-Mythos verfallen sind, zeigt die leere Kirche Chiesa della Misericordia, in der an jedem 5. Mai eine Messe für sein Seelenheil gelesen wird.

*Napoleons Sommerresidenz –
die Villa San Martino*

Kultur gestern und heute

Jeder, von den Etruskern bis Napoleon, der in Elba länger blieb, hinterließ der Insel etwas. Jeder, der kurz vorbeikam, zerstörte etwas: von den Syrakusern (5. Jh. v. Chr.) bis zu den Alliierten (1944). Wertvolles blieb kaum übrig, dafür jedoch Spuren aus allen Epochen der Menschheitsgeschichte.

Wie alles begann

Die ersten Menschen, die Elba um 50 000 v. Chr. besiedelten, waren Jäger und Sammler. Sie kamen trockenen Fußes, da Elba bis etwa 13 000 v. Chr. mit dem Festland verbunden war. Ab 3000 v. Chr. bewohnten Ackerbauern und Viehzüchter die Insel (Fundstücke aus dem Alltagsleben der vor- und frühgeschichtlichen Zeit im *Archäologischen Museum* von *Marciana Alta*).

Die Etrusker

Prächtige Graburnen oder Tempelfriese hinterließen die Etrusker auf Elba nicht. Abraummaterial und Erdschlacke zeugen auf der Insel von ihrer Präsenz ab 700 v. Chr. Sie begannen mit dem systematischen Abbau des Eisens im großen Stil. Das meiste Eisenerz verhütteten die Etrusker auf dem Festland in Populonia, dem Zentrum ihrer Herrschaft. Elba war stets nur „Arbeitsort".

Tipp Eindrucksvolle Grabhügel der Etrusker am Golf von Baratti unterhalb von **Populonia** (nördlich von Piombino) sollte man sich auf der An- oder Rückreise ansehen. Die riesigen Tumulusgräber blieben dank der Schlacke des aus Elba stammenden und hier verarbeiteten Eisens so gut erhalten.

Die einzigen sichtbaren Zeugnisse der Etrusker auf der Insel bestehen in den (äußerst spärlichen) Resten der Ende des 5. Jhs. v. Chr. angelegten *Wachfestungen*. Die Griechen saßen in Korsika, die Syrakuser versuchten 453 eine Eroberung Elbas, die wichtigen Eisenminen mussten geschützt werden – ein Thema, das Elbas Geschichte zu allen Zeiten bestimmte. Auf dem *Monte Castello* (Procchio) kann man sich auch heute noch vom strategischen Weitblick der Etrusker überzeugen.

Die Römer

Die Wachfestungen der Etrusker verhinderten auf Elba genauso wenig wie auf dem Festland die Eroberung durch die Römer (um 250 v. Chr.). Die Römer setzten den Erzabbau zunächst fort und stellten ihn mangels Brennmaterials um 100 v. Chr. allmählich ein. Beweise römischer Präsenz auf der Insel finden sich daher heute in Rom: die Granitsäulen des Pantheons stammen wie viele andere aus Elba.

Die Römer erkannten auch als Erste die eigentliche Bestimmung der Insel: Hier sollte man Ferien machen. Die Reste ihrer prächtigen Villen *(Le Grotte, Linguella)* und die vielen gesunkenen Schiffe, die Lebensmittel und Luxusgüter für ihre reichen Bewohner brachten, lassen ihren Lebensstil noch erahnen, schöne Zeugnisse befinden sich im *Archäologischen Museum* in Portoferraio.

Frühes Mittelalter

Wie ein Puzzlespiel kann man die wenigen Zeugnisse dieses Zeitraums zusammensetzen, viele Teile fehlen aber gänzlich. Auf den Spuren des hl. Cerbone (Ende des 6. Jhs.) wandelt, wer dessen *Einsiedelei* bei Poggio besucht.

Die Kirche *San Niccolò* in San Piero in Campo zeigt einen klar byzantinischen Grundriss – mehr blieb nicht von Ostrom. San Michele war der Lieblingsheilige der Langobarden, der Name der heutigen Friedhofskirche in *Capoliveri* dokumentiert ihre Anwesenheit wie die Ortsbezeichnung *gualdus* (Wald).

KULTUR GESTERN UND HEUTE

Pisaner Romanik

Nichts Vergleichbares zum Dom in Pisa, aber immerhin Kunst. Die Pisaner organisierten erstmals systematisch die Seelsorge und überzogen die Insel mit einem Netz von Taufkirchen. Die noch erhaltenen romanischen Kirchen des 12. Jhs., *S. Stefano alle Trane*, *S. Lorenzo* (Marciana Alta), *S.Giovanni*, *S. Niccolò* (San Piero in Campo) oder *S. Michele* (Capoliveri) weisen alle typisch Pisaner Schmuckformen in Fassade, Längsmauern oder Apsis auf.

Die schön gelegene romanische Kirche Santo Stefano alle Trane

Gotik, Renaissance, Barock?

Gotik – Fehlanzeige. Renaissance – ein bisschen Fassade der Kirche San Francesco in Marciana Alta. Barock – ein, zwei nicht sehr bedeutende Kirchen wie *Santa Caterina* in Marciana Alta oder *Madonna di Montserrato* bei Porto Azzurro. „Von den Pisanern bis ins 18. Jh. blieb sonst nichts erhalten?", fragt man sich unwillkürlich. Aber natürlich, das Dauerthema der Insel: Festungsarchitektur!

Erstmals seit etruskischer Zeit sicherten die Pisaner Elba wieder mit neuen Wehrbauten. Die Sarazenentürme in Marciana Marina, Marina di Campo oder San Giovanni in Campo sowie die Festungen in Marciana Alta oder Volterraio zeugen noch heute von ihren Anstrengungen. Die sarazenischen Piraten, die vom 8.–11. Jh. das Tyrrhenische Meer unsicher machten, verschwanden – um dann im 15. Jh. als türkische Korsaren wieder aufzutauchen.

Die neuen Inselherren, die Familie Appiani, bauten also weiter: den Wachturm auf dem Monte Giove bei Rio nell'Elba, den Turm am Hafen von Rio Marina, sie sicherten Poggio und Marciana Alta. Im Vergleich zum rechteckigen, einfachen Turm von San Giovanni weist der achteckige Wehrturm in Rio Marina schon mehr Geschmack auf. Gute Beispiele der Militärarchitektur der Renaissance bilden aber erst die

Der Sarazenenturm am Hafen von Marciana Marina

Sprache

Auf so einer kleinen Insel gibt es Unterschiede im Dialekt? Bis heute kann man die lange Florentiner Herrschaft in Portoferraio im typischen *dugento* (mit weichem Konsonant) statt dem italienischen *duecento* (zweihundert) heraushören. Im Westen der Insel bestanden enge Verbindungen zu Korsika, eine Straße nach Mittelelba gab es ja nicht: statt Italienisch *tramonto* heißt der Sonnenuntergang hier *poscia del sole*, im Anklang an das franz. *coucher du soleil*.

KULTUR GESTERN UND HEUTE

Festungen Cosimos I.: *Forte Falcone, Forte Stella* und der *Linguella-Turm*. Die Spanier wollten da nicht zurückstehen. Sie nahmen sich für ihre 1603 begonnene *Festung Longone* Antwerpen zum Vorbild. Auch der letzte große Festungsbau der Insel, *Forte Focardo* gegenüber von Longone, stammt von den Spaniern.

Die Franzosen

Die Franzosen kamen 1802 als große „Zivilisationsbringer". Auch sie bauten, aber öffentliche Schulen, Straßen, neue Brücken. Bereits vor Napoleon begannen seine Landsleute mit den „Infrastrukturmaßnahmen", die der Korse dann während seines Aufenthaltes energisch weiter vorantrieb.

Napoleon brauchte natürlich auch eine angemessene Residenz, oder besser gleich zwei: Die Villen *dei Mulini* und *San Martino* entstanden. Auch sein einziges Theater verdankt Elba dem Franzosen.

Und was fügte das 20. Jh. hinzu? Das hässliche Hochhaus am neuen Hafen von Portoferraio!

Veranstaltungskalender

Am frühen Abend wohnt man andächtig der Messe bei, anschließend tobt man ausgelassen beim Rockkonzert oder wartet aufs Feuerwerk. So in etwa verlaufen die Feste der Stadtheiligen in ganz Italien, nicht etwa nur auf Elba. Und Feiertag ist dann natürlich auch.

Ostern: Karfreitagsprozessionen in fast allen Orten Elbas. In *Capoliveri* werden Christus und die beiden mit ihm Verurteilten auf der Piazza abends ans Kreuz gebunden.
Die Einwohner von *Sant'Ilario* und *San Piero* marschieren frühmorgens schweigend aneinander vorbei zu den Friedhöfen des jeweiligen Nachbardorfs. Nach der Rückkehr findet die eigentliche Prozession statt: Eine Christusfigur wird durch die Straßen getragen, Trauermusik begleitet sie.
Ostermontag: Nach einer Prozession von Rio nell'Elba zur Kirche *Santa Caterina* spielt beim anschließenden Zusammensein das *Sportella*-Gebäck eine wesentliche Rolle. Unter dem Namen „kleine Türöffnung" mag sich jeder vorstellen, was er will – an heidnische Fruchtbarkeitsriten im Frühjahr erinnert es mit Sicherheit.
In Italien ist am Ostermontag ein Familienpicknick Tradition.

Sonntag vor Pfingsten: Capoliveri – Festa del Cavatore (s. S. 71).
Ende Mai: Rio Marina – Mostra Mercato Minerali, Verkaufsausstellung elbanischer Mineralien.
Ende Mai/Anfang Juni: Capoliveri – Elba e Vini di Toscana, Weinprobe auf der Piazza.
Juli–August: Irgendetwas ist immer irgendwo los auf der Insel, seien es Konzerte, Tanzabende, Theater, Filmvorführungen etc. Am besten die Plakatanschläge lesen!
14. Juli: Festa dell'Innamorata (Capoliveri), s. S. 71.
7. August: Marina di Campo – San Gaetano.
12. August: Marciana Marina – Santa Chiara.
16. August: Rio Marina – San Rocco.
18. August: Marciana Alta – Sant'Agapito: Nachspielen der Hochzeit zwischen Jacopo II. Appiani und Donella Fieschi (s. S. 55).
Letzter Samstag im August: Portoferraio – Il '500 e Cosmopoli. Historisches Fest mit Renaissance-Bankett.
Mitte-Ende September: Festival Elba Isola Musicale d'Europa – Klassikkonzerte in Portoferraio.
Letzter Sonntag im September: Capoliveri – Festa dell'Uva (s. S. 71).

Fischsuppe zum Elba bianco

Wie die toskanische Küche ist auch die Küche Elbas einfach. Der Geschmack von Fisch (und Fleisch) wird in erster Linie mit den vielen frischen Kräutern verfeinert, die man überall in der Macchia oder den Blumentöpfen vor den Häusern sieht: Rosmarin, Thymian, Fenchel, Salbei, Bergminze, Lorbeer, Majoran, Oregano.

Die Insel ist eine kulinarische Fundgrube

Fisch

Pesce – Fisch dominiert die Küche. Aber nicht jeder Fisch, der serviert wird, wurde in den Gewässern um die Insel gefangen. *Surgelato* oder *congelato* bedeutet tiefgefroren und wird auf den Speisekarten oft mit *surg.* bzw. *con.* abgekürzt angegeben.

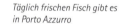

Täglich frischen Fisch gibt es in Porto Azzurro

Fritture di paranza stammen aber fast immer aus dem Fang der vergangenen Nacht. *Paranza* nennt man kleine Fischerboote für den Küstenfang. *Sarde, Sardine, Acciughe* (je nach Größe der Sardinen) oder *Alici* (Sardellen) gehören zum Angebot, die meistens frittiert, als *Frittura di paranza* oder *di barca* (*barca* = Boot) serviert werden. Bei einer *Frittura mista* kommen kleine Tintenfische, Krebse oder Krabben hinzu.

Je nach Fangergebnis findet man in den Restaurants: *branzino* (Seebarsch), *cernia* (Wrackbarsch), *sgombro* (Makrele), *sogliola* (Seezunge), *palombo* (Glatthai), *merluzzo* (Kabeljau), *spigola* (Barsch), *triglia* (Barbe), *muggine* oder *cefalo* (Meeräsche) – gegrillt *(alla griglia)*, gekocht *(lesso)* oder aus dem Ofen *(al forno)* munden sie allesamt köstlich. Raffinierte Soßen wird man allerdings vergeblich suchen. Thunfisch *(tonno)*

Oggi Cacciucco

Heute *Cacciucco*: Viele Restaurants bieten Elbas feinstes Gericht nicht jeden Tag an, dafür aber dann mit viel Liebe zubereitet – man sollte es sich nicht entgehen lassen. Der Name des Gerichts stammt aus Livorno, die Fischsuppe selbst aus Tintenfischen, kleineren und größeren Meeresfischen in großen Stücken, manchmal auch Muscheln. Gekocht wird alles gemeinsam mit viel Öl, Weißwein, Knoblauch und Tomaten, abgeschmeckt mit frischen Kräutern und serviert auf geröstetem, mit Knoblauch eingeriebenem Weißbrot. Dazu trinkt man am besten einen *Elba bianco*.

FISCHSUPPE ZUM ELBA BIANCO

und Schwertfisch *(pesce spada)* schmecken als „Steaks" mit ein paar Kräutern zubereitet am besten. Stockfisch *(baccalà)* wird wie in Livorno mit Kartoffeln und Tomaten in den Ofen geschoben.

Die beste Wahlmöglichkeit hat man übrigens – auch ohne Italienischkenntnisse –, wenn man sich die vorhandenen Fische zeigen lässt, und mit einem „questo" (den da) seine Entscheidung trifft.

Schalentiere

Schalentiere wie *gamberetti* (Garnelen), *gamberi* (Krebse), *granchi* (Krabben), *scampi* (Kaiserhummer), *astice* (Hummer) oder *aragoste* (Langusten) bilden gegrillt, fritiert oder gebraten nicht nur hervorragende Hauptgerichte, sondern schmecken auch exzellent in Soßenform zu den verschiedenen Nudelgerichten *(pasta)*.

Miesmuscheln *(cozze)* isst man entweder *pepate* (gepfeffert) oder in Weißwein *(vino bianco)*, *vongole* (Venusmuscheln) meistens zu Spaghetti. *Polpi* (Kraken) tauchen sowohl in der Soße zu Nudeln, aber auch als Hauptgericht *in umido* (in Tomatensoße) auf. *Seppie*, *totani* (Tintenfische) werden in Ringe geschnitten als *calamari* fritiert oder *alla diavola* (nach Teufelsart) in Weißwein mit scharfem Paprika gebraten.

Vorspeisen

Dass Elba zur Toskana gehört, erkennt man an den warmen Vorspeisen *(primi piatti)*. Bei Touristen geschätzte Nudelgerichte zählen nicht unbedingt zu den

Weinbau – klein, aber fein!

Keine Lust mehr zur mühseligen Arbeit in den steilen Terrassen der Weinberge haben viele junge Elbaner. Die Anbaufläche ging von 1982 bis 1990 um 160 ha zurück und liegt heute etwa bei 400 ha. Davon entfallen 265 ha auf Tafelweine, die zumeist nur für den Eigenbedarf gekeltert werden. Dagegen gab es unter Napoleon noch 32 Millionen Weinstöcke, und bereits der römische Schriftsteller Plinius sprach von Elba als *Insula vini ferax* – einer fruchtbaren Weininsel. Trotzdem: Die wenigen Winzer, die sich noch auf den Weinanbau konzentrieren (meistens im flacheren Mittelelba), produzieren dafür umso bessere Tropfen. 135 ha liefern exzellente Qualitätsweine.

Auffällig knapp über dem Boden schlängeln sich die Weinreben. Die Winzer halten sie mit Absicht wegen der ständigen Winde extrem niedrig. Der Qualität kommt dies ebenso zugute wie der mineralienreiche Boden, der allen Weinen einen würzigen Geschmack verleiht. 1967 erhielten der *Elba bianco* (Weißwein) und der *Elba rosso* (Rotwein) das Qualitätszeichen DOC *(Denominazione di Origine Controllata)*. Der *Elba bianco* ist ein trockener strohgelber Weißwein mit einem harmonischen Bouquet und leicht bitterem Nachgeschmack, der hervorragend zu Fischgerichten passt. Gekeltert wird er aus der auch in der Toskana verwendeten Trebbiano-Traube, die auf Elba *Procanico* heißt, unter Hinzufügung der Speisetraube Biancone di Portoferraio. *Elba rosso*, ebenfalls ein trockener, leicht herber Wein, von rubinroter intensiver Farbe und runder Konsistenz wird aus der Sangiovese-Traube gewonnen, die auf Elba den Namen *Sangioveto* trägt.

Die Spezialität Elbas, die immer mehr zur Rarität wird, ist der *Aleatico*, ein feiner Dessertwein. Die sehr aromatische Aleatico-Traube scheint alle Düfte Elbas selbst einzufangen. Fast schmeckt man Kirschen oder Pflaumen, am Ende bleibt ein Hauch des Aromas trockener Früchte im Mund zurück ...

FISCHSUPPE ZUM ELBA BIANCO

Lieblingsspeisen der Elbaner – außer sie sind mit Fischsoßen angerichtet. Gemüsesuppen *(zuppa toscana, ribollita)* dagegen schon eher. *Gnocchi* (Klößchen aus Kartoffel- oder Weizenmehl) und vor allem Reisgerichte wie Reis mit Meeresfrüchten *(risotto alla marinara)* schmecken ebenfalls ausgezeichnet. Eine Gaumenfreude ist der *riso nero* (Schwarzer Reis). Die Tinte der Tintenfische ist der Clou an der Sache. Leute, die keinen Fisch mögen, wählen statt der *antipasti di mare* (aus dem Meer) *antipasti di terra* (Salami, Schinken, in Öl Eingelegtes), *crostini* (geröstete Brotscheiben mit Leberpastete oder Pilzen) oder essen einen typisch elbanischen Gemüseeintopf aus Auberginen, Zucchini, Paprika, Tomaten und Gewürzen *(gurguglione)*.

Wie auf dem Festland – „toskanische" Landschaft auf Elba

Hauptgerichte

Fettine (Kalbsschnitzel) oder *bistecche* (Steaks) findet man überall, typischer sind aber die Wildschweine *(cinghiali)*, die in Elba schon fast zur Plage geworden sind. Darum ist es nur gut, wenn sie als Würste *(salsicce)*, Schinken *(prosciutto)* oder *in umido* (als Eintopf) zusammen mit den Pilzen *(funghi,* besonders gut die *porcini*, Steinpilze) den „Wald" in Elbas Küche vertreten.

Für Selbstversorger – Obstladen in Porto Azzurro

Nachtisch

Die einzig eigenständige Elbaner Spezialität ist *schiaccia briacca*. Ursprünglich ein Weihnachtskuchen, wird der Teig deshalb mit Nüssen, Pinienkernen, Rosinen und Orangenschalen verfeinert – und mit Aleatico-Wein, daher die rötliche Farbe. Der Name *briacca* kommt von *ubriacca* – betrunken. Betrunken wird man aber höchstens, wenn man wie die Italiener den Kuchen in viel *Aleatico* eintunkt. Ein Schluck *Napoleon*-Wasser danach kann da nicht schaden (*gasata* – mit Kohlensäure, *naturale* – ohne).

Frische Backwaren bekommt man im Panificio

Urlaub aktiv

Baden kann man überall hervorragend und bedenkenlos auf der Insel! Die Badewasserqualität wird an allen Stränden als „gut" bis „sehr gut" eingestuft. An einsamen Buchten, vor allem im Westen der Insel wird auch FKK geduldet.

Fischen im Meer und unter Wasser, wofür die Küsten Elbas besonders gut geeignet sind, ist ohne Genehmigung gestattet. Für Gerätetaucher gilt ein Jagdverbot, mit Schnorchel darf man maximal 5 kg harpunieren.

Beach Fly: Ein Boot zieht Schwindelfreie mit geöffnetem Fallschirm durch die Lüfte über dem blauen Meer in den Buchten von Biodola und Procchio. *Blue Marine*, ☏ 05 65 91 74 22 oder 0 34 82 60 98 49.

Segelschulen (deutschsprachig):
Segelclub Elba, Ortsteil Magazzini 12, 57037 Portoferraio, ☏ 05 65 93 32 88, 📠 05 65 93 32 41 (*Surfschule Elba Surf* ist angeschlossen).
Segelschule Elba Charter in Procchio, 57030 Procchio, Via Centrale 105.
Kein deutsches Büro; Anmeldung unter ☏ 📠 05 65 90 78 38,
☏ 33 86 43 64 08 oder
☏ 01 71/7 00 61 69 (von Deutschland aus ohne Vorwahl).
Segelzentrum Elba, Ortsteil Bagnaia, 57037 Portoferraio, ☏ 05 65 96 10 90, 📠 05 65 96 11 84; Anmeldung in Deutschland: Sürther Hauptstr. 211, 50999 Köln, ☏ 0 22 36/6 55 05, 📠 0 22 36/6 85 16. Internet: segelzentrum.elba@t-online.de
Yachtschule Elba, Ortsteil Le Grotte, 57037 Portoferraio, ☏ 05 65 93 33 29, 📠 05 65 93 31 78,
in Deutschland: Rothenbaumchaussee 58, 20148 Hamburg,
☏ 0 40/44 11 42 55, 📠 44 45 34.
Internet: dhhyse@elbalink.it
Bei allen Schulen kann man DSV-Scheine erwerben.

Surfschulen: Praktisch an allen größeren Stränden, deutschsprachig z. B. auch am Strand von Lacona.

Tauchschulen gibt es u. a. deutschsprachig in
57030 Cavo: *Cavo Diving*, Roland und Andrea, ☏ und 📠 05 65 93 11 60, in Deutschland 0 76 22/6 32 50.
btb (Bernds Tauchbase), Ortsteil Madonna delle Grazie, 57031 Capoliveri, ☏ 05 65 93 91 24, 📠 05 65 93 91 48.
Spiro Sub, Pitt Gsell, 57034 Marina di Campo, ☏ 05 65 97 61 02,
📠 05 65 97 64 24.
Außerdem Tauchschulen in Lacona, am Barbarossa-Strand und in Marciana Marina.

Wasserski: *Bagni Lacona*, am Strand von Lacona, ☏ 05 65 96 43 64;
Blue Marine, am Strand von Biodola, ☏ 05 65 91 74 22.

Motorbootvermietung u. a.:
Elba Charter, Via Centrale 105, 57030 Procchio, ☏ 05 65 90 78 38.
Centro Velico, Ortsteil Naregno, 57031 Capoliveri, ☏ 05 65 96 87 64.
Bagni Lacona, am Strand von Lacona, 57031 Capoliveri, ☏ 05 65 96 43 64.

Tretboote, Kajaks und Surfbretter:
Verleih an allen größeren Stränden.

Bootsausflüge: Mit der Dollaro II (Anmeldung: ☏ 05 65 9 53 51) in Porto Azzurro sowie der Cristina vom Hafen in Marina di Campo (Anmeldung: ☏ 05 65 97 60 81).
Unterwasserbesichtigungen mit einem Oberflächen-U-Boot in Lacona,
☏ 05 65 96 43 64, sowie in Marina di Campo, ☏ 0 33 85 71 07 83.

Golf spielen kann man auf dem 9-Loch-Platz in Acquabona sowie auf dem 6-Loch-Platz der Hotels Hermitage und Biodola in Biodola.

Fahrradverleih: *TWN – Two Wheels Network*, Viale Elba 32, 57037 Porto-

URLAUB AKTIV

ferraio, ☎ 05 65 91 46 66,
📠 05 65 91 58 99,
hat alles vom normalen Fahrrad bis zum 18-Gang-Mountainbike, bietet gute Serviceleistungen: u. a. Abgabe der Leihräder an acht Stellen auf der Insel, Anlieferung am Apartment oder Campingplatz, Pannenservice (auch Verleih von Kajaks, Motorrollern und Autos); 20 % Rabatt für Bahnfahrer (nicht im Juli und August).

Keramikkurse: Angela Lrixen und Horst Pint bieten individuelle Kurse: Via Roma 51, 57037 Portoferraio, ☎ 📠 05 65 93 33 84.
E-mail: elbamore@elba-online.com

Reiten kann man u. a.
auf der **Ranch Antonio,** Ortsteil Monte Orello, 57037 Portoferraio,
☎ 03 60 31 77 02;
Il Fortino, Ortsteil Buraccio, 57037 Portoferraio, ☎ 05 65 94 02 45;
Fattoria le Ripalte, Ortsteil Costa dei Gabbiani, 57031 Capoliveri,
☎ 05 65 93 51 22;
Sapere, Ortsteil Mola, 57036 Porto Azzurro, ☎ 0 56 59 50 33;
Farms, Ortsteil Literno, 57034 Campo nell'Elba, ☎ 05 65 97 90 90;
Mannegio Gigi im Ortsteil Barbarossa, 57036 Porto Azzurro, ☎ 0 56 59 56 50.

Wandern: Trekking kann man auf Elba hervorragend. Gut markierte Wanderwege erschließen die Insel mit ihren Naturschönheiten.

Vom Fremdenverkehrsamt (s. S. 93) erhält man die Broschüre „Elba, Sport das ganze Jahr", die auch Mountainbike-Touren verzeichnet.

Il genio del bosco – Viaggi nella natura, Via Roma 12, Portoferraio,
☎ 05 65 93 08 37, 📠 05 65 91 53 49, organisiert Wanderungen.

Thermalkuren: Die *Thermen von San Giovanni* bieten umfangreiche Anwendungen (Algenpackungen, Schlammbäder, Inhalationen).
☎ 05 65 91 46 80, 📠 05 65 91 87 91;
🕐 April–Okt. 8–12.30 und 16–19 Uhr.

In der Hochsaison wird's voll

Mit dem Leihmofa in Poggio

Markierung des Höhenwanderwegs Madonna del Monte–Chiessi

Reisewege

Anreise

Mit der Bahn: Die Züge fahren direkt bis zum Fährhafen, Bahnhof *Piombino Marittima*. Entweder über Mailand und Genua bis nach Campiglia Marittima, dort umsteigen nach Piombino Marittima; oder über Florenz, wo während des Sommerfahrplans direkte Züge über Pisa nach Piombino Marittima verkehren.

Mit dem Auto: Anfahrt über Chiasso, Mailand, Genua auf der Autobahn bis Rosignano Marittima (südl. von Livorno), oder über Brenner, Verona, Bologna, Florenz, Pisa ebenfalls bis Rosignano Marittima; von dort auf der neuen Schnellstraße weiter bis zur Ausfahrt *Venturina*, und weiter nach Piombino.

Autobahngebühren: Bei der Benutzung der Autobahnen in Italien empfiehlt sich der Kauf einer Viacard, die unnötiges Warten an den Mautstellen vermeiden oder zumindest verkürzen hilft: Die Schlangen vor den Viacard-Zahlstellen sind meist sehr viel kürzer als bei den Bargeld-Zahlstellen. In Deutschland ist die Viacard über den ADAC zum Preis von 50 000 Lire oder 100 000 Lire (umgerechnet in DM) erhältlich.

Autofahrer: Der nationale Führerschein genügt; die grüne Versicherungskarte wird empfohlen. Fast alle Straßen Elbas sind asphaltiert.

Verleih: Auf Elba kann man vom Auto-, Motor- und Fahrrad bis hin zum Surfbrett, Kajak, Tret-, Motor- und Segelboot alles leihen, auch Taucherausrüstungen (Genaueres siehe bei den Routen).

Autoverleih am Flughafen in La Pila, ☎ und 📠 05 65 97 71 50, vermietet auch Klein- und Reisebusse.

Überfahrt mit der Fähre: Von Piombino aus fahren stündlich (im Sommer auch öfter) drei Fährgesellschaften in ca. 1 Stunde zur Insel nach Portoferraio, Porto Azzurro, Rio Marina und Cavo. Es verkehren auch Tragflügelboote für Passagiere, die die Überfahrt erheblich verkürzen. Neuere Express-Fähren schaffen es auch mit Autos in 25 Minuten. Im Sommer sollte man rechtzeitig buchen. Es gibt Sonderangebote der Fährgesellschaften für 1 Fahrzeug + 1–2 Personen für bestimmte Abfahrtszeiten.

Toremar, 57025 Piombino, Piazzale Premuda, ☎ 0 56 53 11 00.

Moby Lines:
57025 Piombino, Piazzale Premuda, ☎ 05 65 22 52 11 oder 05 65 22 12 12.

Elba Ferries, 57025 Piombino, ☎ 05 65 22 09 56.

Mit dem Flugzeug: Elba hat einen kleinen Flugplatz bei La Pila (Marina di Campo) und seit 1995 auch eine eigene Fluggesellschaft Airblu; Infos unter ☎ 05 65 97 60 11, 📠 05 65 97 60 08. Direktflüge gibt es im Sommer von München, Stuttgart, Altenrhein, Zürich, Bern, Wien, Mailand, Brescia und Roma Urbe.

Auf Elba

Ein gutes Busnetz überzieht die ganze Insel; die ATL-Zentrale, wo man auch die Fahrpläne erhält, liegt links direkt an der Piazza beim Hochhaus in Portoferraio (s. auch S. 54 Marebus).

Die *Elba Card*, ein Sonderangebot der Busgesellschaft ATL (Azienda Trasporti Livorno), bietet für 11 000 Lire freie Fahrt auf allen Linien für 1 Tag, für 30 000 Lire für 6 Tage.

Von Ende Juni bis Anfang September verkehrt zwischen dem Parkplatz im Ortsteil San Giovanni und der Altstadt von Portoferraio alle 30 Min. ein Motorboot, bis 1 Uhr nachts. In 7 Minuten ist man mitten im Zentrum, ohne Parkplatzsorgen (Infos: ☎ 05 65 91 78 93).

Unterkunft

Im Juli und August empfiehlt es sich, rechtzeitig zu reservieren. Die Preise sind dann oft auch doppelt (!) so hoch wie im Frühjahr oder Herbst. Wer kann, sollte seinen Urlaub in die Vor- oder Nachsaison legen. Im Winter schließen die meisten Hotels, aber zumindest ein Haus im Ort hat ganzjährig geöffnet.

Drei Fährgesellschaften verbinden Elba mit dem Festland

Hotels und Apartments

Die Vermittlung übernehmen die Reisebüros auf Elba (Funktion eines Fremdenverkehrsamtes). Sie kennen die Vermieter und können gezielt auf Wünsche eingehen. Günstige Angebote für Familien bieten v. a. **Villaggi Turistici** oder für größere Apartmentanlagen **Residence**. Gesamtverzeichnis der Hotels erhältlich bei: **Associazione Albergatori Isola d'Elba,** Calata Italia 20/21, 57037 Portoferraio, ☎ 05 65 91 55 55, 🖷 05 65 91 78 65. E-mail: agenziailva@elbalink.it

Im Ape Elbana in Portoferraio wohnten schon Napoleons Gäste

Campingplätze

Es gibt knapp 30. Nur **La Foce** im Ortsteil La Foce, 57034 Marina di Campo, ☎ 05 65 97 64 56, 🖷 97 73 85, ist ganzjährig geöffnet, die anderen meist April bis Oktober. Verzeichnisse beim Fremdenverkehrsamt APT oder bei der **Vereinigung der Campingplatzbesitzer Elbas,** Viale Elba 7, 57037 Portoferraio, ☎ 🖷 05 65 93 02 08. E-mail: campeggie@ouverture.it

Agriturismo

Adressen für Ferien auf dem Bauernhof beim Fremdenverkehrsamt **Azienda di Promozione Turistica dell' Arcipelago Toscano (APT)**, 57037 Portoferraio, Calata Italia 26, ☎ 05 65 91 46 71, 🖷 05 65 91 63 50, sowie bei den Reisebüros.

Ruhig und angenehm lässt es sich vor allem in den Bergdörfern an

*Portoferraio

Die einzige Stadt der Insel

Wer mit der Fähre in den Hafen einläuft, wird gleich auf Urlaub eingestimmt. Eine der schönsten Ansichten eröffnet sich, sobald man die Bucht von Portoferraio (11 500 Einw.) erreicht, auf den Forte Stella mit dem Leuchtturm, der Blick gleitet entlang der Befestigungsmauern bis zum Linguella-Turm. Biegt die Fähre dann in das neue große Hafenbecken mit seinem hässlichen Hochhaus ein, lässt man sich lieber von dem geschlossenen Ensemble der Altstadt, den Fischerbooten und Yachten rechts im malerischen alten Hafenrund verzaubern. Die zweite Festung Portoferraios, der noch wuchtigere Forte Falcone, bewacht auch heute eindrucksvoll den Zugang zur Neustadt.

Geschichte

Schon bei der Einfahrt in die Bucht sieht man, dass die Stadt einen natürlichen, geschützten Hafen besitzt. Diese Lage nutzte man schon in der Antike.

Etrusker verschifften von *Argoos,* so der griechische Name der Stadt, ihr Eisenerz nach Populonia, im Golf von Baratti. Zur Zeit der Römer legten in *Fabricia,* wie der Ort damals genannt wurde, die Versorgungsschiffe mit Luxusgütern für die prächtigen Villen an.

Unter den Pisanern und den Appiani zog man sich von den Küstenorten lieber ins vor Piraten besser geschützte Landesinnere zurück. Erst im 16. Jh. begann mit dem Medici Cosimo I. der Aufstieg *Ferraias,* wie Portoferraio im Mittelalter hieß. Der Großherzog der Toskana luchste die Stadt und zwei Meilen Umland Kaiser Karl V. mit der – stimmigen – Begründung ab, die Appiani seien nicht in der Lage, Elba vor den türkischen Korsaren zu schützen. Um zu beweisen, um wie viel besser er das doch konnte, ließ er ab dem 31. Mai 1548 die beiden Festungen Forte Stella und Forte Falcone errichten – Meisterwerke der Militärarchitektur ihrer Zeit, die bereits im Februar 1552 abgeschlossen waren. Die türkischen Korsaren, die 1553 Portoferraio plündern wollten, waren so beeindruckt, dass sie gleich wieder abzogen.

Cosimo plante, Elba als Stützpunkt seines zur Piratenabwehr gegründeten Ritterordens des hl. Stefan auszubauen. Sein Name *Cosimo* und das griechische *Kosmos* (Ordnung, Vernunft) standen Pate für die vom Herzog vorgenommene Neubennung Ferraias in *Cosmopoli (polis* – griech. *Stadt).* Doch weder der Name noch der Plan Cosimos setzten sich durch. So viel Macht wollten die Spanier dem Medici nun doch nicht zugestehen und gaben daher Elba 1557 den Appiani zurück.

Die Stadt Portoferraio verblieb jedoch mit ihren zwei Meilen Umland beim Großherzogtum und erhielt unter dem ersten Lothringer der Toskana 1737 ihren heutigen Namen. 1802 wurde sie unter französischer Oberhoheit wieder mit dem Rest der Insel vereint.

Als Napoleon 1814 nach Elba verbannt wurde, fiel auf Portoferraio für einige Monate der Glanz der Weltgeschichte. Der Franzose veränderte das Stadtbild zwar kaum, hinterließ aber seine Spuren mit der *Villa dei Mulini* und dem *Teatro dei Vigilanti.* Als bedeutend für Portoferraio erwies sich der von ihm eingeleitete Aufschwung. Straßenbau, Weinkultur und Eisenerzabbau belebten die Wirtschaft der Stadt.

Die große Zeit Portoferraios kam mit dem Bau der ersten *Hochöfen* Ende des 19. Jhs. Arbeitsplätze und Wohlstand führten Anfang des 20. Jhs. zur höchsten Einwohnerzahl der Insel (1861: 19 400 bis 1911: 30 000 Einw.). Die Zerstörung der Hochöfen von 1944 traf die Stadt daher schwer – legte aber gleichzeitig den Grundstein für die

PORTOFERRAIO

Entwicklung Elbas zur Ferieninsel. Wie wenig einladend Portoferraio mit seinen Hochöfen ausgesehen hat, kann jeder Besucher, der mit der Fähre kommt, noch bei der Abfahrt in Piombino nachvollziehen.

Heute lebt Portoferraio von den im Hafen ankommenden Besuchern der Insel. Sein Charme spiegelt sich im weitgehend intakten Alltagsleben einer italienischen Kleinstadt, die sich den Charakter einer reizvollen kleinen Verwaltungshauptstadt bewahrt hat.

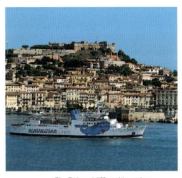

Ein Fährschiff verlässt den Hafen von Portoferraio

Vom Hafen zum Rathaus

Wer mit der Fähre ankommt, legt im neuen Hafenbecken vor dem *Hochhaus* an, in dem sich im 1. Stock das Fremdenverkehrsbüro der Insel befindet, die „Azienda di Promozione Turistica dell'Arcipelago Toscano", links an dem Platz findet man den Busbahnhof mit Auskunftsbüro und Gepäckaufbewahrung und rechts vom Hochhaus zwischen den Cafés die Zentrale des Hotelverbandes. Die Fährgesellschaften sind hier ebenfalls vertreten.

Hat man alle gewünschten Infos und möchte einen ersten Cappuccino zu sich nehmen, sollte man ihn nicht hier trinken: Die meisten Bars an der Mole verlangen für den Verzehr im Sitzen oft bis zu 50% mehr als andere Lokale. Lieber sollte man zum alten Hafenbecken, der *Darsena* ❶, weiterspazieren.

Sicher vor Anker liegen die Schiffe in der Darsena

Tipp Das Auto stellt man am besten auf dem großen **Parkplatz** vor der Darsena ab, da man in der Altstadt, wenn überhaupt, nur gegen Bezahlung einen Stellplatz auf der Piazza della Repubblica finden wird.

Als ob sich ein Theaterregisseur die Kulisse ausgedacht hätte – so spektakulär legt sich Portoferraio um das Hafenbecken. Der *Gallo-Turm* und der genau gegenüberliegende *Linguella-Turm* schließen das Halbrund ab. Boutiquen und Cafés laden zum Verweilen ein, Yachten und Fischerboote ziehen die Blicke der Spaziergänger an.

Faszination Hafen – Angler an der Hafenpier

PORTOFERRAIO

Exakt im Zenit der Darsena betritt man die Altstadt durch die **Porta a Mare** ❷. Das 1548 zusammen mit den Festungsbauten angelegte Tor war einst der einzige Zugang in die ganz von mächtigen Mauern umgebene Stadt.

Durch den kleinen Vorbau von 1647 taucht man ein in die **Piazza Cavour** ❸. Das Meer scheint weit entfernt, italienischer Alltag wartet hier mit Bars, Banken und Bambini. Alle Gassen der Altstadt führen von hier aus aufwärts, enden in kleinen Treppchen.

Tipp Im Pub **Sail Port** an der Piazza Cavour 56 (☎ 05 65 91 53 84) kann man einen gemütlichen Abend verbringen. Leckere Kleinigkeiten für den Hunger zwischendurch. Ⓢ

Das eher unauffällige **Rathaus** ❹ überrascht mit einem schönen Innenhof, in dem alles nur irgendwie Erinnernswerte in Marmor an die Wände gehängt wurde. So erfährt man zum Beispiel, dass Victor Hugo als Kind hier spielte, da sein Vater französischer Gouverneur der Insel war, nachdem Frankreich 1802 Elba in Besitz genommen hatte.

Wer sich noch mehr für Elbas Geschichte und Kuriositäten interessiert, findet in den 27 000 Bänden der *Foresi-Bibliothek* im Innern des Gebäudes eine reichhaltige Auswahl.

Im Umkreis der Piazza della Repubblica

Vor dem Rathaus öffnet sich einer der schönsten Plätze der Stadt, die **Piazza della Repubblica** ❺, die heute leider als Parkplatz missbraucht wird. Die Bars und Restaurants an der platanenge-säumten Piazza können nur mit Mühe ein wenig Atmosphäre schaffen. Die 1000 Mann der Privatarmee Napoleons mussten hier, auf der einstigen *Piazza d'Armi* (Waffenplatz), exerzieren. Die illustren Besucher des Kaisers im Exil

Die Foresi – Elbas Sammlerfamilie

Manche behaupten, ohne die Familie Foresi gäbe es auf Elba nichts zu sehen. Ganz so tragisch wäre es nicht, aber die Familie hinterließ der Insel die einzige Gemäldesammlung, wichtige Stücke des Archäologischen Museums sowie die Drucke und Stiche der Villa San Martino. Mario Foresi (1849–1932), Literat und Kunstsammler, vermachte 1914 der Stadt Portoferraio die umfangreiche Kollektion seiner Vorfahren. Gemälde, Drucke, Zeichnungen, Möbel, archäologische Exponate wurden so 1924 erstmals der Öffentlichkeit zugänglich. Im 19. Jh. legten Raffaello und Alessandro Foresi, Vater und Onkel Marios, den Grundstock der Sammlung.

Das kulturelle Klima ihrer Wahlheimat Florenz mit seinen unzähligen italienischen und englischen Kunsthändlern und -kollektionisten, die der Arnometropole ihre Schätze hinterließen, beeinflusste auch die beiden Elbaner. In der Pinacoteca Foresiana kann man die Porträts von Großvater Iacopo, den Söhnen Alessandro und Raffaello, sowie dem Enkel Mario mit seiner Tochter Maria Alessandrina bewundern. Vor allem der Vater Marios, Raffaello (1820–1877), gehörte auch zu den Ersten, die sich um Elbas archäologische Überreste bemühten. Er brachte die Forschungen und Ausgrabungen in Gang, deren Ergebnisse man in den Archäologischen Museen von Portoferraio und Marciana Alta besichtigen kann. Ein weiterer Foresi, Marcello, sammelte im 19. Jh. Mineralien, die heute mit über 1000 Exponaten im Museo Mineralogico von Florenz Elbas Reichtum dokumentieren.

Übrigens, auch das Weingut *La Chiusa* (s. S. 90 f.) ist seit Napoleons Zeiten in Foresi-Besitz.

PORTOFERRAIO

konnten von ihren Fenstern im **Hotel Ape Elbana** ❻ dabei zusehen. Im ältesten Gasthof der Insel kann man auch heute noch angenehm wohnen und auf der Terrasse den Tag ausklingen lassen.

Und natürlich war Napoleon auch in der **Pfarrkirche** ❼ aus dem 16. Jh., sozusagen dem Dom der Insel, wo er am Tag nach seiner Ankunft am 4. Mai 1814 einer Begrüßungsmesse beiwohnte. Die seltsam orangene Fassade wurde im Anklang an Florentiner Renaissancekirchen im 18. Jh. dem Gebäude vorgesetzt. Das dreischiffige Innere prunkt nicht gerade, aber der bemalte Dachstuhl und die Glasfenster verdienen doch einen aufmerksamen Blick.

Durch die Porta a Mare schimmert das Hafenbecken

Spaziert man vor der Pfarrkirche wieder in Richtung Meer, trifft man auf kleine Gässchen mit italienischem Flair und dann auf die Markthalle **Le Galeazze** ❽. Das ehemalige Marinearsenal diente zur Aufbewahrung der Galeeren des Großherzogtums. Heute findet man unter den hohen Gewölben frische Fische, schmackhafte Schalentiere und selbstverständlich auch den richtigen elbanischen Wein. Gegen den kleinen Hunger hilft vielleicht frisches Obst? In den Markthallen zeigt sich Portoferraio als das, was es ist: ein liebenswertes Provinzstädtchen.

Die Piazza della Repubblica – der zentrale Platz der Stadt war zur Zeit Napoleons Exerzierplatz

 Ganz in der Nähe, in der Via dell'Amore 54, serviert das ansprechende Restaurant **Da Vittorio** täglich frisch gebackenes Brot und Pasta (☏ 05 65 91 74 46). Ⓢ

Nahe des Rathauses liegt die am reichsten ausgeschmückte Kirche Elbas: **Chiesa del Sacramento** ❾. Die Renovierung nach den Zerstörungen des Zweiten Weltkriegs wurde der 1551 von Cosimo I. erbauten Spätrenaissancekirche zwar nicht so ganz gerecht, besuchenswert bleibt sie aber trotzdem. Im einschiffigen Innern sieht man die Fahne der weißen Bruderschaft, die hier ihren Sitz hat. Seit Jahrhunderten widmet sie sich wie ihr Pendant, die schwarze Bruderschaft, wohltätigen Aufgaben.

Auch Napoleon gehörte zu den Besuchern der Pfarrkirche

PORTOFERRAIO

Am * Franziskanerkonvent

Vom Kloster zur Kaserne und zum Kulturzentrum entwickelte sich das *Franziskanerkonvent ⓾ aus dem 16. Jh. Im 18. Jh. nutzte die Armee den Bau, in dem sich heute ein Kongresszentrum und die *Pinacoteca Foresiana* befinden. Ein Offizier aus der Garde Napoleons, der *Comte de Laugier,* gab dem Gebäude seinen Namen. Der große Platz vor dem Konvent ist keine Aussichtsterrasse, sondern das Dach der ehemaligen Zisterne. In den Gewölben darunter werden heute Tanzabende veranstaltet. Die aufwendigen, 1991 begonnenen Restaurierungsarbeiten lassen wieder die einstige Harmonie der Klosteranlage erkennen.

Die * *Pinacoteca Foresiana,* die einzige Gemäldegalerie Elbas, zeichnet sich v. a. durch eine sehenswerte Sammlung der Malerei des 19. Jhs. aus. Themen wie Porträt-Malerei, die Orient-Faszination, die Bewunderung der Renaissancemaler und ihrer Werke können hier nachvollzogen werden – Renaissanceoriginal und Kopie des 19. Jhs. hängen nebeneinander. Eine reiche Auswahl an Städten und Landschaften Elbas aus dem Blickwinkel vergangener Zeiten vermitteln ein ganz anderes Bild der Insel, als man es heute vor Augen hat. Besonders eindrucksvoll ist die Ansicht Portoferraios mit seinen Hochöfen von Savini (Saal 1). Kurioses zeigt das Bild von Antonio Cioci „Inganni" (Täuschungen), eine Darstellung von Fälscherutensilien (Saal 6). Da die Restaurierung des Komplexes noch nicht abgeschlossen ist, warten 300 Gemälde im Depot auf Wiederentdeckung. Im Erdgeschoss finden Wechselausstellungen statt. ⓢ So u. Fei geschl., Juli u. August 18–24 Uhr, Frühjahr bis Herbst 9.30–12.30, 16.30 bis 19 Uhr, im Winter nur vormittags u. a. Mo geschl.

Wie das Franziskanerkloster erlebte auch die gegenüberliegende **Chiesa della Misericordia** ⓫ profanere Zeiten. Ein Herrscher ohne sein Theater? Ein wenig Unterhaltung wollte selbst Napoleon, daher ließ er die Kirche in ein öffentliches Theater verwandeln, bis er mit dem Teatro dei Vigilanti über ein standesgemäßes Haus verfügte.

Durch die trotz Restaurierung eher unscheinbare Fassade betritt man den – für Elba – beeindruckenden Innenraum. 1661 erhielt die bereits 1566 gegründete wohltätige Bruderschaft *(Misericordia – Barmherzigkeit)* von Papst Alexander VII. die Gebeine des Märtyrers Christinus. Aus diesem Anlass errichtete die Bruderschaft 1677 das kleine Ensemble. Das Scheinarchitekturbild der Decke sowie die prächti-

PORTOFERRAIO

1. Darsena
2. Porta a Mare
3. Piazza Cavour
4. Rathaus
5. Piazza della Repubblica
6. Hotel Ape Elbana
7. Pfarrkirche
8. Le Galeazze
9. Chiesa del Sacramento
10. Franziskanerkonvent
11. Chiesa della Misericordia
12. Villa dei Mulini
13. Forte Stella
14. Forte Falcone
15. Teatro dei Vigilanti
16. Archäologisches Museum
17. Linguella-Turm

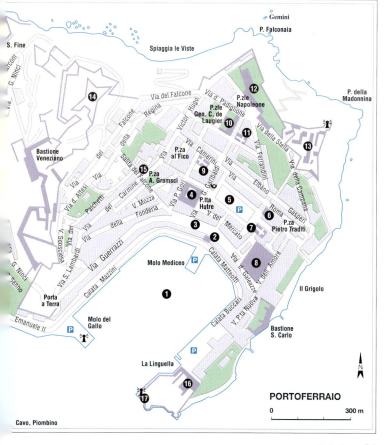

PORTOFERRAIO

gen Goldkandelaber und die Orgelempore mit der handgefertigten Orgel des 18. Jhs. sind durchaus bemerkenswert. Unter dem Barockaltar werden die Reliquien von Christinus aufbewahrt, der 1763 zum Schutzpatron von Portoferraio erhoben wurde. Sein Festtag, der 29. April, wird entsprechend gefeiert.

Entweder vom Kirchenraum aus oder über einen Zugang links neben der Chiesa gelangt der Besucher in das *Museo Napoleonico* (bis Frühjahr 2000 geschlossen). Es zeigt, in Bronze gegossen, die Hand Napoleons und seine Totenmaske, abgenommen auf seinem Totenbett in Sankt Helena, sowie die Originalfahne des Kaisers auf Elba mit den drei goldenen Bienen. 1852 schenkte Demidoff (s. S. 38, Villa San Martino) diese Devotionalien der Bruderschaft. Kunstinteressierte finden eine kleine Statue *Madonna mit Kind* von *Tino da Camaino* (1285–1337).

*Villa dei Mulini und *Forte Stella

Der Treppe folgt man hinauf bis zur *Villa dei Mulini ⑫. Das von außen sehr einfach wirkende Haus ließ der letzte Medici-Großherzog Gian Gastone 1724 als Gerichts- und Gefängnisgebäude errichten. Den Besuch lohnt allein schon die herrliche *Aussicht* im hübschen Garten auf die steil ins Meer abfallenden Felsen. Die Ergebnisse der Restaurierungsarbeiten sieht man bereits im ersten Salon *(Galleria)*, der stilgerecht mit Möbeln aus napoleonischer Zeit eingerichtet ist. Es folgt die *Bibliothek*, in der man die Interessengebiete des Kaisers kennen lernt – von der Medizin über die Botanik bis hin zu Don Quichote. Im himmelblauen Bett des *Schlafzimmers* könnte Napoleon tatsächlich gelegen haben. Die Ausstattung dieses Raumes besteht noch aus den Original-Möbeln. Vom *Prunksaal* im ersten Stock genießt man auch einen schönen Blick auf Stadt und Meer. In der *Garderobe* im Erdgeschoss sollte man sich die alten Stiche von Portoferraio näher ansehen. Die Mühlen *(mulini)*, die einst zwischen den beiden Festungen lagen und der Villa ihren Namen gaben, sieht man noch auf einem Gemälde im *Kammerdienerzimmmer*, ebenso das Geschirr Napoleons. Im *Saal des Kaisers* mag Napoleon bei offener Tür und einer leichten Brise die Atmosphäre des Ortes genossen haben.

Zum Abschluss spaziert man ein wenig durch den Garten, genießt die Aussicht auf das Leuchtturminselchen und die schroff ins Meer abfallenden Felsen. Rechts ragt imposant Forte Stella mit seinem Leuchtturm empor. ⏱ Wochentags 9–19 Uhr, im Winter wohl kürzer, So u. Fei 9–13 Uhr; Juni–Sept. Sa bis 24 Uhr (ob der Abendtermin auch für 2000 gilt, stand bei Redaktionsschluss noch nicht fest). Verbilligtes Sammelticket mit der „Villa San Martino".

Von der Villa aus führen nur wenige Schritte auf die 48 m hohen Felsen zum *Forte Stella ⑬, einem die ganze Bucht beherrschenden *Aussichtspunkt*. Die *Sternenfeste* verdankt ihren Namen dem fünfzackigen, sternenförmigen Grundriss, der nach Plänen des Architekten Camerini errichtet wurde.

Dicke Mauern, wuchtige Tore, ein verschlungener Zugang: Den Piraten sollte es so schwer wie möglich gemacht werden, die Festung zu erobern. Die Architektur zeigte Wirkung. Portoferraio blieb in Zukunft von türkischen Piraten verschont. In den heutigen Privatwohnungen lebten zu Napoleons Zeiten die kaiserlichen Grenadiere. ⏱ Ostern–Okt. 9–19 Uhr.

Forte Falcone und Teatro dei Vigilanti

Ein Spaziergang entlang der Bastionen gibt immer wieder einen herrlichen Blick auf das Meer, die Altstadt von Portoferraio, das Hafenbecken oder den Garten der Villa dei Mulini frei. Fotofreunde kommen hier ebenso auf ihre Kosten wie bei der Besichtigung des gegenüberliegenden **Forte Falcone** ⑭,

PORTOFERRAIO

wo das *Panorama* fast noch beeindruckender ist. Die eigentliche Festung auf dem mit 79 m höchsten Punkt Portoferraios gehört ebenfalls der italienischen Marine und ist unzugänglich.

Die Bastionen und Vorwerke, die nach Plänen von Camerini und Bellucci entstanden, bilden einen teils schattigen, teils blumenübersäten Park, gut geeignet für ein Mittagspicknick. Für Kinder gibt es eine Rutschbahn. Der Blick reicht über die ganze Bucht, man sieht die Fähren anlegen und die Fischerboote einlaufen. ⊙ Ostern–Okt. 9 bis 20 Uhr, im Hochsommer länger.

Unterhalb der Festung trifft man auf Elbas einziges Theater, das **Teatro dei Vigilanti** ❶. In der ehemaligen Karmeliterkirche aus dem 16. Jh. fand Napoleon ein geeignetes Gebäude (zu seiner Zeit als Lagerhalle genutzt), um etwas für Elbas Unterhaltungsindustrie zu tun. Die Logenplätze waren derart beliebt, dass ihr Verkauf zur Baufinanzierung beitrug. Wer einen ergattern konnte, schätzte sich so glücklich, dass das Theater zunächst *Teatro dei Fortunati* (der Glücklichen) genannt wurde, bevor es seinen heutigen Namen *dei Vigilanti* (der Wachsamen) erhielt. Die 400 Plätze blieben seit Jahren ungenutzt, da sich das Theater *in restauro* befand. Seit Frühjahr 1997 erstrahlt es nun im alten Glanz, der Besuch einer Aufführung lohnt in jedem Fall.

La Linguella

Über kleine Treppchen geht es wieder zum Hafen. An seinem Ende steht vor dem Linguella-Turm das neu eingerichtete *Archäologische Museum ❶. Didaktisch gut aufgebaut, gibt es einen Überblick über Elbas Geschichte vom 8. Jh. v. Chr. bis zum 2. Jh. n. Chr. Karten zeigen die Handelswege der Griechen, Phönizier und Etrusker, die Festungen der Etrusker auf der Insel, Eisenherstellung und Weinhandel im Mittelmeerraum. Keramiken, Amphoren und Anker gesunkener Schiffe sieht man ebenso wie römische Mosaike. Der

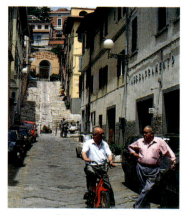

Schmale Gassen führen durch die Altstadt von Portoferraio

Blick über die Stadt, im Hintergrund Forte Stella

Vom Forte Stella schaut man zur Villa dei Mulini

PORTOFERRAIO

Altarstein aus dem 2. Jh. n. Chr. (Kopie im Innenhof des Rathauses), den man bei Secchetto fand, war Herkules geweiht. Gestiftet hat ihn der Präfekt Publius Acilius Attianus, der auch die Villa Le Grotte bewohnt haben soll. Besonders beeindruckend sind die verbrannten Getreidekörner aus etruskischen Festungen, die eine gewaltsame römische Eroberung vermuten lassen. Nüsse, Oliven, Fischpaste, Trockenfisch sowie Öl und zwei verschiedene Weinsorten aus noch verschlossenen Amphoren haben 2000 Jahre hinter sich! Die Beschriftungen sind in Italienisch und Englisch verfasst.

Vom Museum aus erreicht man den **Linguella-Turm** ⓱, auch *Torre del Martello* genannt, aus dem 16. Jh. (Wanderausstellungen). Faszinierend ist die **römische Villa*, die halb umspült im Meer liegt. Die *Mosaikreste* rechts unterhalb der Mauer sollte man nicht übersehen. Im Sommer finden hier Freiluftveranstaltungen statt. ⓞ So u. Fei geschl.; Frühjahr–Herbst 9.30 bis 12.30, 16–19 Uhr, Ende Juni–Anf. Sept. 18–24 Uhr, im Winter kürzer.

Tipp Auf dem ehemaligen englischen **Kriegsschiff Fulgidus**, inzwischen renoviert, kann man Elba umrunden und die anderen Inseln des toskanischen Archipels besuchen (Infos bei S.A.CO.Mar, Via Guerrazzi 11, ☎ 05 65 91 47 97; Reservierung auch über Reisebüros).

Alle Adressenangaben: 57037 Portoferraio. Fremdenverkehrsamt **Azienda di Promozione Turistica dell'Arcipelago Toscano (APT),** Calata Italia 26, ☎ 05 65 91 46 71, 📠 05 65 91 63 50, info@mail.arcipelago.turismo.toscana.it.
Hotelverband **Associazione Albergatori Isola d'Elba,** Calata Italia 20/21, ☎ 05 65 91 55 55, 📠 05 65 91 78 65.
Ente Parco Arcipelago Toscano, Via Guerrazzi 1, ☎ 05 65 91 94 11, 📠 05 65 91 94 28. Infobüro, ebenda, ⓞ Mo–Fr 9–13 Uhr.

Massimo, Calata Italia 23, ☎ 05 65 91 47 66, 📠 05 65 93 01 17. ⓞ ganzjährig. An der Anlegestelle, für eilige Touristen. Ⓢ–ⓈⓈ
Ape Elbana, Salita Cosimo de' Medici 2, ☎ 📠 05 65 91 42 45. ⓞ ganzjährig. Man wohnt geschichtsträchtig im ältesten Hotel Elbas, noch dazu ganz zentral. Ⓢ

Osteria Libertaria, direkt an der Hafenpromenade (Calata Giacomo Matteotti 13), typisch elbanische Küche in einem gemütlichen kleinen Lokal. Ⓢ
Castagnaccio, Via Mercato Vecchio (zwischen Piazza Cavour und Piazza Repubblica), ☎ 05 65 91 58 45. Rustikal-gemütliches Lokal, in dem es hervorragende Pizzas, *cecina* (Kichererbsentorte) und eben *castagnaccio* gibt, eine Kastanienmehltorte. Ⓢ

Deutschsprachige Publikationen in großer Auswahl erhält man am Kiosk bei der Porta a Mare; eine hervorragende Buchhandlung, auch mit deutschen Titeln, ist **Il Libraio,** Calata Mazzini 9 (Hafenpromenade); eine Reihe Boutiquen und Shops finden Sie an der Hafenpromenade; **Fiorella,** ebenda (Calata Giacomo Matteotti 11), entwirft ihre Lederwaren selbst, egal, ob es sich um Schuhe oder Taschen handelt. An jedem Freitag findet an der Straße beim Supermarkt COOP ein großer Markt statt.

Inferno Pub, Ortsteil le Foci, ☎ 05 65 91 87 83. ⓞ ab 21 Uhr, die ganze Nacht, Livemusik und Bier. **Enoteca,** Via dell'Amore 40, nette Kneipe.
An der Straße Richtung Procchio liegt am Bivio Boni **Il Rifrullo,** eine Art Pizzeria-Pub, wo man bis 3 oder 4 Uhr früh bleiben kann.

Veranstaltungen: Letzter Sa im Aug. – Historisches Fest; Mitte Sept. – Musikfestival; an den Sommerabenden Kunsthandwerksmarkt in der Altstadt, Konzerte und Ausstellungen.

Route 1

Wasserspaß am Meer, Kultur mit Napoleon

Karibisches Feeling auf Elba? Eigentlich fehlen nur die Palmen am Strand von Biodola. Traumhafte Ausblicke? Vom Capo d'Enfola übersieht man fast die ganze Insel. Schnittige Surfer, Bars und Clubs? Procchio hat alles parat. Und Kultur? Ein bizarres Freiluftmuseum und Napoleons Sommerresidenz runden diese Route ab.

Richtung Capo d'Enfola

Man verlässt die Altstadt Portoferraios Richtung Capo Bianco und gelangt auf diesem Weg zum Strand **Le Ghiaie**. Große weiße Kieselsteine mit schwarzen Punkten warten hier am Hausstrand der Inselhauptstadt.

Sagenumwobener Ort

Die Argonauten der griechischen Mythologie landeten in Elba, am Strand von Le Ghiaie, um sich zu erholen. Völlig durchgeschwitzt, betraten sie auf Elba festen Boden, und Jason und seine Freunde hinterließen ihre Schweißtropfen auf den weißen Kieseln, so der griechische Geschichtsschreiber Strabon.

Der Blick von Le Ghiaie reicht von der kleinen Leuchtturminsel *Scoglietto* über glasklares Wasser hinweg hinauf bis zu den blendend weißen Felsen des **Capo Bianco** (Weißes Kap). Am Strand von Capo Bianco mit weißen Kieseln badet man vor den weißen Felsen, die sich malerisch vom blauen Meer und der grünen Macchia abheben.

Entlang der Panoramastraße bis Capo d'Enfola liegen weitere kleine Badebuchten, die nicht so überlaufen sind, da die Straße bei Viticcio endet – es herrscht also kein Durchgangsverkehr.

Siehe Portoferraio. Alle Adressen: 57037 Portoferraio.

Acquamarina, Ortsteil Padulella, ☎ ℻ 05 65 91 40 57. ⏱ Jan.–Okt. Schöne Panoramalage, reichhaltiges Frühstücksbuffet, direkter Strandzugang, ganz in der Nähe von Portoferraio. ⓢ-ⓢ⟩⟩
Acquaviva Park Hotel, Ortsteil Acquaviva, ☎ 05 65 91 53 92, ℻ 05 65 91 69 03. ⏱ Mai–Sept. 900 m zum Meer, ruhig in der Macchia gelegen, eigener Swimmingpool. ⓢ⟩⟩ HP

⚠ **Acquaviva**, Ortsteil Acquaviva, ☎ ℻ 05 65 91 55 92. ⏱ Ostern–Okt. (im Winter ☎ 05 65 93 06 74); mit Kinderspielplatz, Verleih von Booten, Surfbrettern und Fahrrädern.
La Sorgente, 57037 Portoferraio, ☎ ℻ 05 65 91 71 39. Schattig, auch Bungalows; beide liegen an einer eigenen Bucht direkt am Strand.

Am Capo d'Enfola

An der Straßenkreuzung Viticcio/Enfola biegt man rechts ab hinunter zum Capo d'Enfola. Etwas traurig wirkt die schmale Landbrücke vor dem 135 m hohen Monte Enfola. Die Aussicht über das Meer bis zum Golf von Procchio mit dem mächtigen Massiv des Monte Capanne im Hintergrund lohnt aber die Anfahrt. Wer den zunächst relativ breiten Weg den Berg hinaufsteigt, den erwartet auf halber Höhe ein noch gewaltigeres Panorama bis nach Portoferraio und darüber hinaus in den Osten und bis zum Inselende im Westen. Ganz oben sieht man vor lauter Macchia nichts mehr!

Emanuel, ☎ 05 65 93 90 03. Nach dem Abstieg kann man sich hier mit einem Drink erfrischen oder köstlich speisen. Vielleicht geräucherten Schwertfisch *(pesce spada affumicato)*, danach *tagliolini alla bottarga* (mit Fischrogen) und anschließend *totani alla diavola!* Ⓢ⟩⟩

 ⚠ **Enfola,** Ortsteil Enfola, 57037 Portoferraio, ☎ 05 65 93 90 01, 🖷 05 65 91 86 13. ⓒ April–Sept. Schattiger kleiner Platz am Hang über der Bucht, Tauchschule.

Tauchschule **Sirena Diving Center,** Enfola-Strand, ⓒ ganzjährig, ☎ 03 36 45 21 95. Capo d'Enfola bietet ein hervorragendes Tauchgebiet, da in den ausgedehnten Unterwasserwiesen der Posidonia-Alge selbst Hochseefische vorkommen. Glücklicherweise wurde der Plan, in der alten, verkommenen Thunfischfabrik ein nationales Segelzentrum einzurichten, aufgegeben – die Anker der Schiffe hätten die Wiese erheblich zerstört. Im Rahmen des Naturparks Toskanischer Archipel wird die Anlage nun zu einem wissenschaftlich-didaktischen Zentrum umgebaut.

Der Strand Le Ghiaie bei Portoferraio

Viticcio

Strände und Buchten liegen einem auf Elba zu Füßen

Auf der gleichen Strecke geht es zurück zur Abzweigung Viticcio/Enfola, wo man rechts hinunter nach Viticcio weiterfährt. Recht familiär wirkt die lose Ansammlung von Häusern. Kleine Hotels und Pensionen laden zum Bleiben ein. Zu Fuß gelangt man über einen Wanderweg – mit herrlichen Ausblicken – über die *Punta Penisola* und den kleinen Ort *Forno* zum nächsten Traumstrand nach *Scaglieri*. Autofahrer müssen zurück nach Portoferraio und nehmen in Bivio Boni die Abzweigung nach Procchio.

Alle Adressen: Ortsteil Viticcio, 57037 Portoferraio.

 Hotel Paradiso, ☎ 05 65 93 90 34, 🖷 05 65 93 90 41. ⓒ April–Okt. Nicht direkt am Strand,

Silbermöwen auf Beutezug

ROUTE 1

Swimmingpool, Tennisplatz und schöne Aussichtsterrassen. ⑤–⑤ HP
Pensione Scoglio Bianco,
☎ 05 65 93 90 36, 🖷 05 65 93 90 31.
◐ Mai– Sept. Direkt am Meer, die Zimmer gruppieren sich um eine kleine Piazza, wunderschöne Panoramaterrasse. ⑤–⑤ HP
Viticcio, ☎ 05 65 93 90 58,
🖷 05 65 93 90 32. ◐ Ende April–Anf. Okt. Ruhig, direkt am Meer, von der Panoramaterrasse herrlicher Blick übers Wasser. ⑤–⑤⑤ HP

*Villa San Martino

1 km nach der Kreuzung Bivio Boni führt links unvermittelt eine Straße Richtung San Martino zur Villa San Martino. Der bewachte, gebührenpflichtige Parkplatz und die Souvenirstände zeigen schon, dass man hier nicht alleine ist. Am Ende der Auffahrt thront nicht etwa Napoleons Sommersitz, sondern der Bau seines angeheirateten Neffen, die wirklich „kaiserliche" Demidoff-Galerie!

Anatol Demidoff erwarb den Sommersitz Napoleons, und als glühender Verehrer des Kaisers wollte er ihm ein angemessenes Museum widmen. Knapp 20 Jahre nach der Grundsteinlegung (1851) verscherbelten seine Erben 1870 die so mühsam gesammelten Erinnerungsstücke.

Nach den Entwürfen *Niccolò Matas,* der auch die Fassade von Santa Croce in Florenz schuf, entstand ab 1851 dieser neoklassizistische **Tempel.** Den Fries der Fassade zieren das *N* Napoleons, der kaiserliche Adler sowie sein Elba-Wappen, die drei Bienen. Heute wirken die hohen Granitsäulen der Wandelhalle im Inneren etwas zu majestätisch, beeindruckend bleibt die Statue der *Nymphe Galatea* im Vestibül, die der Bildhauer *Canova* (1757–1822) nach Napoleons Schwester Paolina modelliert haben soll. Liebhaber monumentaler Schlachten finden in den Vitrinen alle sechs Monate wechselnde Ansichten zu Napoleons Taten.

Das eigentliche **Sommerhaus** Napoleons wirkt nach dem pompösen Demidoff-Teil eher bescheiden. Von außen ein einfaches gelbes Landhaus, überrascht das Innere mit reicher Ausschmückung. Nach dem Kauf des Hauses legte Napoleon Wert darauf, dass der Bau in seiner Ausstattung Pariser Gemächern in nichts nachstehen sollte. Fast alle Decken- und Wandgemälde wurden inzwischen restauriert. Im Ratszimmer, der *Sala delle Colombe,* fliegen zwei Tauben *(colombe)* im Deckengemälde mit den Enden eines Knotens davon. Ob Napoleon wirklich glaubte, dass sich das Liebesband zu seiner Gattin Marie-Louise von Österreich umso fester zusammenzog, je weiter sie von ihm entfernt war? Marie-Louise kam nie nach Elba, seine Geliebte Walewska hingegen schon!

Der Ägyptische Saal

In diesem Saal konnte Napoleon inmitten von Hieroglyphen, Pyramiden und Wüstenlandschaften seinem Ägyptenfeldzug nachtrauern. Den Szenen des Malers Pietro Ravelli dienten die Tagebuchaufzeichnungen Napoleons als Anregungen. Die Tierkreiszeichen an der Decke wiesen auch den Ex-Kaiser darauf hin, dass alles Menschliche letzten Endes von oben bestimmt wird. Hinter Glas geschützt liest man Napoleons eigenhändig geschriebene Worte *Ubicumque Felix Napoleo* – überall ist Napoleon glücklich.

Von der Terrasse genießt man die herrliche Aussicht über das Tal bis nach Portoferraio. Dieses Panorama soll Napoleon veranlasst haben, sich hier niederzulassen. Ein Wunsch, der nur dank der Großzügigkeit seiner Schwester Paolina erfüllbar war. Sie verkaufte einige ihrer Juwelen. Lang nutzte er die Villa übrigens nicht – es war ihm hier zu heiß! Bei der Wahl des Platzes im Frühjahr hatte Napoleon nicht an die

ROUTE 1

drückende Sommerhitze gedacht. In dem großzügig angelegten Park sollte man noch ein wenig herumschlendern und die exotische Pflanzenwelt bewundern.

◔ Wochentags 9–19 Uhr, im Winter wohl kürzer, So u. Fei 9–13 Uhr; 1999 von Juni bis Sept. Sa bis 24 Uhr. Verbilligtes Sammelticket mit der „Villa dei Mulini". Für Bürger der EU unter 18 und über 60 kostenlos.

Die Villa San Martino – das Sommerhaus Napoleons

 Park Hotel Napoleone, 57037 San Martino (Portoferraio), ☏ 05 65 91 85 02, 🖷 05 65 91 78 36. ◔ Ostern–Okt.; Nobelresidenz des 19. Jhs. mit Swimmingpool, Reitstall, Piano-Bar, dem Babysitter für die Kleinen etc.; Hotelbus zum eigenen Strand. $))

Wieder zurück bei den Souvenirverkäufern, können Freunde etruskischer Wehranlagen von hier den steinigen Weg hinauf auf den Hügel San Martino nehmen und den Rundblick genießen. Um die Ausgrabungen zu erkennen, braucht man allerdings viel Phantasie.

Abstecher ins Valle delle Ceramiche

Kurz bevor man die Hauptstraße erreicht, zweigt rechts ein Weg ins Keramiktal Valle delle Ceramiche ab. Der Elbaner *Italo Bolano* verstreute seine eigenwilligen Keramiken inmitten eines 10 000 m² großen Parks. Über seine expressionistischen Bilder, Keramiken, Mosaiken und Metallobjekte, über Totem und Harmonie kann man mit dem Künstler vor Ort diskutieren. Hinweisschilder führen durch das Freilichtmuseum, das nur im Sommer geöffnet ist; ◔ Mo bis Sa 10–12.30 und 16 bis 19.30 Uhr, sonst nach Anmeldung, ☏ 05 65 91 45 70.

Statue im Garten des Stadthauses von Napoleon

Am Nobelstrand von Elba in Scaglieri

Polyglott **39**

ROUTE 1

Tipp: Wenn man schon einmal hier ist, kann man in der **Tenuta La Barba** (ausgeschildert) einen im lieblichen San-Martino-Tal produzierten Elba D O C oder mit etwas Glück einen Aleatico vor Ort probieren und natürlich auch eine Flasche mitnehmen.

Biodola und Scaglieri

Die Hauptstraße führt nun am Rande des Tals entlang und gewährt leider nur den Beifahrern (!) einen herrlichen Überblick. Direkt an der Hügelkuppe geht es rechts kurvenreich hinunter nach **Biodola**, zum schönsten Strand der Insel. Eingebettet in die macchiabewachsenen Hügel, zieht sich der weiße feine Sandstrand vor dem blauen, kristallklaren Meer die Bucht entlang. Wer hier in einem der Luxushotels, die ideal in die Landschaft eingepasst sind, seinen Traumurlaub verbringen will, muss tief in die Tasche greifen. Dafür ist dann aber alles sehr exklusiv.

Nicht ganz so spitzenmäßig wie in Biodola geht es im kleinen Fischerdörfchen **Scaglieri** zu. Die Boote am Strand und die nicht so gestylten Häuser strahlen noch etwas vom Charme eines alten Dorfes aus. Am Meer kann man selbstverständlich alles mieten, vom Liegestuhl bis zum Surfbrett, Tret- oder Motorboot. Im Hochsommer tummeln sich oft Menschenmassen hier, jeder will an Elbas Nobelstrand zumindest einmal gebadet haben.

Alle Adressen: Ortsteil La Biodola, 57037 Portoferraio. **Hermitage,** ☎ 05 65 93 69 11, 🖷 05 65 96 99 84. ⏱ Ende April–Ende Okt.: sich vom Luxus verwöhnen lassen. Die Zimmer liegen in kleinen Bungalows im Grünen. Das Angebot reicht von 3 Meerwasserpools, Privatstrand, Surfbrettern bis zur Golf-Trainingsanlage mit 6 Löchern etc. $$$ HP
Biodola, ☎ 05 65 93 68 11, 🖷 05 65 96 98 52. ⏱ Ende März–Ende Okt. Das Hotel liegt gleich neben dem Hermitage, gleicher Luxus, es gibt hier ein Meerwasserbecken, Zugang zum Golfplatz mit 6 Löchern. $$$ HP
Danila, Ortsteil Scaglieri, 57037 Portoferraio, ☎ 05 65 96 99 15, 🖷 05 65 96 98 65. ⏱ April–Mitte Okt. Im kleinen Dörfchen Scaglieri gelegen, ein Familienbetrieb in netter Anlage, 100 m vom Strand. $–$$ HP
Casa Rosa, ☎ 05 65 96 99 31, 🖷 05 65 96 98 57. ⏱ April–Mitte Okt. Nettes kleines Familienhotel mit wunderschöner Terrasse, nicht direkt am Strand, daher nicht ganz so teuer. $–$$ HP
⚠ **Scaglieri,** Ortsteil Scaglieri, 57037 Portoferraio, ☎ 05 65 96 99 40, 🖷 05 65 96 98 34. ⏱ April–Okt. Am exklusivsten Strand der Insel liegt in herrlicher Panoramalage auch der teuerste Campingplatz, die Anlage zieht sich unter schattigen Bäumen vom Strand den Hang hinauf, Swimmingpool. Kinder unter drei Jahren sind jetzt auch auf diesem Campingplatz im Sommer willkommen.

Da Luciano, ☎ 05 65 96 99 52. Scaglieri, gemütliche Pizzeria am Meer, Holzkohlenofen im Speisesaal! Es gibt auch jede Menge Fisch. $

An der Hauptstraße nach Procchio liegen kurz hintereinander die beiden Discos *Norman's Club* und *Club 64* auf der linken Seite. Vorsicht, nachts ist auf der Straße daher jede Menge los.

Nach Procchio

Man sollte auch tagsüber nicht zu schnell auf der Hauptstraße nach Procchio fahren, sonst übersieht man den *Punto Panoramico* leicht. Der herrliche Blick auf den Golf von Procchio lohnt einen Halt.

Kurz vor Procchio führt rechts eine Straße hinunter nach **Campo all'Aia**, sozusagen zum netten kleinen Vorort von Procchio. Die Ausläufer des weißen Sandstrandes ziehen sich bis hierher und warten auch hier auf Sonnen-

ROUTE 1

hungrige und Wassersportler. Auf Strandbars und Ferienwohnungen muss man auch in Campo all'Aia nicht verzichten. Taucher mögen das Römer-Wrack entdecken, dessen Funde im Archäologischen Museum Portoferraios ausgestellt sind.

Wie Campo all'Aia liegt auch **Procchio** wunderbar eingebettet in die grünen Hügel. Der Clou des Ortes, der sich eigentlich eher charakterlos an der Straße entlangzieht, ist der lange weiße Traumstrand! Wer auf alten Fotos die völlig unverbaute Bucht von Procchio sieht, erkennt sie nicht wieder.

Eingebettet in die grünen Hügel – die Bucht von Procchio

Eines der beliebtesten Ferienziele entwickelte sich in wenigen Jahren an dieser Straßenkreuzung, mit allem, was dazugehört: von der deutschsprachigen Segelschule bis zum Luxushotel. Wohnen kann man aber auch billiger in den vielen Ferienwohnungen, die versteckt in der Macchia liegen. Restaurants, Bars und Clubs bieten alles für die Abendunterhaltung.

Tipp Jeden Donnerstag kann man zwischen den **Marktständen** auf Schnäppchensuche gehen.

Vor der Isola Paolina liegen Schiffe vor Anker

ROUTE 1

Alle Adressen: 57030 Procchio.

 Bruno Viaggi e turismo, Via Provinciale 35,
☎ 05 65 90 73 80,
📠 05 65 90 78 33. Organisiert Ferienwohnungen, Hotels, Anmietung von Autos, Mountainbikes und Mopeds.

 Hotel Brigantino, Ortsteil Campo all'Aia,
☎ 05 65 90 74 53,
📠 05 65 90 79 94. ◐ April–Ende Sept. 250 m vom Strand, nettes kleines Familienhotel mit eigenem Schwimmbecken und Tennisplatz im Park, Kinderspielplatz. ⑤–⑤⑤ / ⑤ HP
Hotel Residenza Del Golfo,
☎ 05 65 90 75 65, 📠 05 65 90 78 98.
◐ Mitte Mai–Anf. Okt. Direkt am Strand, schöne Anlage mit mehreren Häusergruppen im Park, großes Meerwasserbecken, Piano-Bar, Tennis, Windsurfing. ⑤⑤ HP
Club La Fenice, Procchio,
☎ 05 65 90 77 32, 📠 05 65 90 50 01. 200 m vom Meer entfernt, eigener Strand, zwei Swimmingpools, einer für Kinder, vier Tennisplätze, Surfschule, Whirlpool, Sauna. Den hervorragenden Fisch in der Strandbar können nicht nur Hotelgäste genießen. ⑤⑤
Delfino, ☎ 05 65 90 74 55,
📠 05 65 90 72 42. ◐ April–Anfang Nov. Nettes, neues Hotel direkt beim Strand. ⑤ HP
Da Renzo, ☎ 05 65 90 75 05,
◐ ganzjährig. Gediegener Familienbetrieb an der Straßenkreuzung; im zugehörigen Restaurant hat Napoleon *nie* gegessen – *mai* – wie die Inhaber betonen; guter Fisch. ⑤–⑤⑤

 Lo Zodiaco,
☎ 05 65 90 76 30. Man sitzt angenehm im Freien oder speist unter den Tierkreiszeichen *(zodiaco)* im Inneren. ⑤⑤
La Terrazza, ☎ 05 65 90 73 18. Pizzen und *panini* direkt am Strand, aber auch Hauptgerichte. ⑤–⑤⑤
L'Orso Bianco, Via Valle grande. Nette Crêperie, links von der überdachten Passage gelegen. ⑤

 Die **Casa del Vino,** Via del Mare, bietet Elba-Wein, ausgezeichnete Grappe und Liköre der Insel.
Deutschsprachige Zeitungen an der Hauptstraße.

Deutschsprachige Segelschule: **Segelschule Elba Charter,** (s. S. 22).
Tauchschule: **Centro Sub Oltre il Blu,** Via del Mare 10, ☎ 05 65 90 72 51, 📠 05 65 90 42 24. Auch Ausrüstungsverleih.
Am Strand Verleih von Motorbooten, Segeljollen, Surfbrettern und Kanus.

 Im „Happy Park" von Procchio kann man bis in die späte Nacht hinein Tennis, Tischtennis, Minigolf, Volleyball, Fußball, Billard, Mini-Bowling, Boccia spielen, mit Minimotorrädern oder -autos fahren und Videospiele machen.

Ausflug von Procchio

Von Procchio führt eine panorama- und kurvenreiche Straße nach *Marciana Marina* am Meer entlang. Auf der Klippe kurz hinter dem Ort soll sich einst Napoleons schöne Schwester Paolina im Evakostüm gesonnt haben.

Der Weg führt weiter an den kleinen Badebuchten *Spartaia* und *Redinoce* vorbei. Wenn links das Hotel Le Briciole auftaucht, hält man rechts auf einen Parkplatz *(Punto Panoramico)*. Von hier bewundert man die steil ins Meer abfallenden Felsen, die herrliche Bucht von Procchio, den Golf von Enfola und Paolinas Badeplatz. Die dichte grüne Macchia umrahmt die schöne Kulisse.

 Desirée, Ortsteil Lido di Spartaia, ☎ 05 65 90 73 11, 📠 05 65 90 78 84. ◐ Mitte Mai–Anf. Okt. Ferien der Luxusklasse am abgelegenen Sandstrand von Spartaia. ⑤⑤ HP
Hotel Valle Verde, Ortsteil Lido di Spartaia, ☎ 05 65 90 72 87,
📠 05 65 90 79 65. ◐ Ende April–Anfang Okt. 150 m vom Strand, bietet allen Komfort in ruhiger Lage. ⑤⑤ HP

Route 2

Die grüne Seite Elbas

Ein Trip in die Natur! Die Route führt vom Badeort Procchio über die idyllisch gelegenen Bergstädtchen Sant'Ilario in Campo und Poggio wieder hinunter ans Meer in einen der schönsten Ferienorte der Insel, Marciana Marina. Reisebegleiter sind mal duftende Macchiagewächse, mal schattige Kastanienwälder.

Reste der etruskischen Festung auf dem Monte Castello

Man verlässt Procchio Richtung Marina di Campo/La Pila und taucht ein in eine typisch toskanische Landschaft. Sanfte Hügel und Weingärten charakterisieren diese mit nur 4,5 km engste Verbindung zwischen „Nordmeer" und „Südmeer".

Wanderung zur Etruskersiedlung auf den Monte Castello

Ein traumhafter Ausblick bis zum Meer auf beiden Seiten der Insel und ein paar etruskische Steine belohnen den circa 20-minütigen Aufstieg.

Nachdem man von Procchio kommend die Hügelkuppe hinter sich hat und wieder abwärts fährt, führt rechts eine Straße weg (Hinweisschild „Giannino Piano Bar"). Man folgt den Schildern „Giannino Piano Bar" und fährt dann auf dem Feldweg so weit den Berg hinauf, wie man es seinem Auto zumuten möchte. Anschließend hält man sich immer an den Hauptweg, erst ganz oben wählt man den linken Gipfel. Der Weg führt durch Garigue – also kein Schatten! Ein paar verkohlte Getreidekörner aus der Wachfestung der Etrusker kann man heute noch im Archäologischen Museum in Portoferraio bestaunen. Die ursprünglich 4 m hohe

Auf einer Kuppe liegt das Bergstädtchen Sant'Ilario

Die Piazza Sant'Ilarios mit Trinkbrunnen und Pfarrkirche

ROUTE 2

Mauer aus Granitblöcken schleiften die Römer bei ihrer Eroberung bis auf die mickrigen Reste, die bei Ausgrabungen ans Tageslicht kamen. Das strategische Gespür der Etrusker ist dennoch auch heute noch zu bewundern.

Dieser relativ niedrige Hügel (227 m) beherrscht die weite Ebene von La Pila mit dem Flughafen bis zum Meer bei Marina di Campo nach Süden hin, während sich im Norden ein herrliches Panorama auf den Sandstrand von Biodola bis zum Capo d'Enfola öffnet. Im Westen erheben sich majestätisch der Monte Perone und im Hintergrund der Monte Capanne, die Küstenlinie lässt sich bis zum Inselende bei Sant'Andrea verfolgen.

Nach Sant'Ilario

In *La Pila* ( ) führt die enge Straße Richtung Sant'Ilario mitten zwischen den Häusern des Ortes hindurch. In großen Serpentinen fährt man anschließend den Hügel hinauf.

Der traurige Anblick der verbrannten Abhänge des *Monte Perone* ermahnt zur Vorsicht im Umgang mit offenem Feuer und Zigaretten. Erst in circa 15 Jahren wird es am Berg wieder leuchten, das Farbenspiel – gelber Ginster inmitten grüner Macchia – braucht Zeit zur Regeneration.

Sant'Ilario (205 m) liegt anmutig und abweisend zugleich auf einer Kuppe über der Ebene. Das Städtchen kann seinen Festungscharakter nicht verbergen. Weg von der Küste, hoch gelegen, dicke Mauern – früher schützte die Lage vor Piraten (aber nicht immer, wie der Überfall Draguts 1553 zeigte), und heute bewahrt sie die intime Atmosphäre der Piazza im Zentrum des Ortes vor allzu großem Touristenrummel.

Auf der Piazza mit dem Brunnen vor der Kirche fühlt man sich im Wohnzimmer Sant'Ilarios: Die Stühle stehen vor den Türen, man plauscht mit der Nachbarin, Kinder tollen herum. Blumen und Zierpflanzen schmücken Balkone, Gässchen und Treppenabsätze. Jasmin, Oleander, Hibiskus, Geranien erfreuen das Auge: Sant'Ilario sieht aus, als wolle es den Preis „schönstes und sauberstes Dorf Elbas" gewinnen.

In der Pfarrkirche, die im 12. Jh. von den Pisanern errichtet wurde, erinnern nur noch die Rundbögen an die Romanik, die überaus reiche barocke Ausstattung verdient aber durchaus einen Blick. Wie überall in Italien wird auch hier der bedeutendste Spross des Ortes – woanders unbekannt – mit einer Gedenktafel und viel Pathos geehrt (in der Gasse an der rechten Seite der Kirche): „Giuseppe Petri, der Musiker und Komponist dieser Hügel, wurde hier am 6. Mai 1886 geboren. Er hörte die Stimmen seines geliebten Elba und schenkte sie der italienischen Kunst in melodiösen, träumerischen Schöpfungen."

Tipp Am Ortsausgang liegt die nette Bar **Acquacheta,** wo Eltern gemütlich sitzen können, denn für die Kleinen gibt es hier einen schönen Spielplatz. $

La Quiete, Ortsteil Lammia, 57034 Marina di Campo, ☎ 05 65 97 72 76, ℻ 05 65 97 73 23. ⓘ Mitte Mai-Ende Sept. Wie der Name *Ruhe* sagt, verbringt man hier ruhige Ferien in der Natur unterhalb von Sant'Ilario. $))

La Cava, ☎ 05 65 98 33 79. Neben dem Panoramablick vor allem wegen der Wildschweinspezialitäten zu empfehlen; an der „Umgehungsstraße" des Ortes. $)–$))

Veranstaltung: Karfreitagsprozession nach San Piero (s. S. 18).

Zum Monte Perone und Monte Maolo

Man verlässt Sant'Ilario Richtung San Piero (s. S. 62) und biegt nach ein paar hundert Metern rechts ab auf die panoramareiche Straße zum Monte Perone und nach Poggio. Nach etwa 1 km

ROUTE 2

erhebt sich rechts der wuchtige **Wachturm San Giovanni,** den die Pisaner im 12. Jh. erbauten, heute halb verfallen auf seinem riesigen Granitstein. Einst spielte er eine wichtige Rolle in dem System von Verteidigungsanlagen (Marciana Marina, Marciana Alta, Marina di Campo, Sant'Ilario und San Piero), mit dem die Seerepublik versuchte, diesen Teil Elbas vor Piraten und Genuesen zu schützen. Von einer wunderschönen Aussicht begleitet, erreicht man nach circa 500 m die Ruinen der größten erhaltenen romanischen Kirche der Insel, *San Giovanni. Die vielen Mauerreste und Steine, die man bei einem kleinen Spaziergang herumliegen sieht, lassen vermuten, dass hier einst eine Siedlung stand. Dies würde auch die Präsenz des weiter unterhalb liegenden Wachturms und die Größe der Kirche an dieser einsamen Stelle gut erklären.

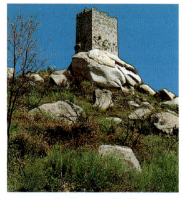
Der Wachturm San Giovanni steht auf einem Granitblock

San Giovanni weist die typische Struktur der Pisaner Romanik auf Elba auf: Der einschiffige, rechteckige Raum wird durch eine halbkreisförmige Apsis begrenzt, das Mauerwerk besteht aus regelmäßig behauenen Granitsteinen, die aus einem Steinbruch nicht weit von der Kirche stammen, der bis heute ausgebeutet wird. Wie bei San Lorenzo unterhalb von Marciana Alta verjüngen sich die Steine nach oben hin. Der Segelglockenturm und die beiden pfeilerartigen Lisenen der Fassade vervollständigen die charakteristischen Elemente dieses Baus aus der 2. Hälfte des 12. Jhs. Im eindrucksvollen Inneren hallt übrigens ein Echo von den Wänden zurück.

Nur noch eine Ruine – die romanische Kirche San Giovanni

Kurvenreich wie bisher geht es hinauf zum Kamm des **Monte Perone** (603 m). Ein wunderschöner Picknickplatz unter schattigen Kiefern bietet dort eine gute Gelegenheit für eine Pause. Gerade in den heißesten Stunden des Tages findet man selbst im Hochsommer hier oben noch an-

Inmitten von Kastanien- und Kiefernwäldern liegt Poggio

Polyglott **45**

ROUTE 2

genehme Temperaturen, und ein kleiner Ausflug vom Strand herauf wird zudem noch mit einem herrlichen Panorama belohnt.

Tipp Den besten **Blick** genießt man, wenn man rechts hinauf spaziert: Der Golf von Procchio, die Landspitze Enfola und Portoferraio liegen einem zu Füßen, die Aussicht reicht von Marina di Campo am Meer bis hinauf zur Halbinsel Calamita.

Kinder können unbeschwert unter den Kiefern herumtollen, ein kleines Paradies gilt es hier oben zu entdecken, Wanderern bieten sich Möglichkeiten für kleinere oder größere Touren. Vom italienischen Alpenverein CAI gekennzeichnete Wege führen hinunter nach Sant'Ilario oder hinüber auf den Monte Capanne.

Auf den noch vor dem Monte Capanne liegenden Gipfel **Monte Maolo** (793 m) gelangt man entlang des Weges Nr. 5, der vom Straßenkamm nach links abgeht. Auch hier wartet ein weiter Panoramablick.

Poggio

Kiefern wechseln mit mächtigen Kastanien, Steineichen gesellen sich hinzu. Fast scheint man durch einen grünen Tunnel hinunter zu fahren. Eingebettet in diese Landschaft liegt Poggio. Dichte Kastanien- und Kiefernwälder umgeben das malerische kleine Bergdorf, das sich terrassenförmig in einer Höhe von 350 m am Hügel *(poggio)* unterhalb des Monte Capanne entlangzieht.

Zu einer lieblichen kleinen Sommerfrische entwickelte sich der Ort Anfang des 20. Jhs. und trat so aus dem Schatten des größeren und älteren Marciana Alta, in dessen Gemeinde es 1738 eingegliedert worden war. Die berühmten Besucher Poggios wie der englische Premier Winston Churchill, der französische Maler Eugène Delacroix oder der italienische Maler Giorgio De Chirico, die das angenehme Klima und das gesunde Wasser der Napoleonquelle (s. S. 48) genossen, gaben dem Städtchen ein internationaleres Flair als dem eher verschlossenen, von einstiger Größe träumenden Nachbarort. Das Hotel *Fonte Napoleone,* in dem die hohen Gäste abstiegen, ist zwar heute ein einfaches Apartmenthaus, aber die Gastronomie Poggios weist noch immer eines der Spitzenlokale der Insel auf, das *Publius*.

Den Spaziergang durch das Städtchen beginnt man am besten am Eingangsplatz des Ortes. Man sollte jedoch nicht nur die herrliche Aussicht bis hinunter ans Meer bewundern, sondern auch einen Blick auf den neuen **Obelisken** werfen. Der in Italien bekannte Künstler Giò Pomodoro schuf das Werk 1996.

Tipp An der Piazza liegen zwei nette Bars, die kleine Snacks und Erfrischungen anbieten: **Mistral,** an der Ecke, und **Silvano,** mit einer hübschen, leicht erhöht liegenden Laube. Beide $

Die Reize Poggios erschließen sich nur dem Fußgänger. Treppauf öffnet sich ein hübscher Platz. Das kleine Postamt, die Bänke und der Brunnen verleihen der **Piazza Umberto I** ihr Flair.

Man spaziert durch die engen Gässchen, bewundert die Blumen und Pflanzen in den unzähligen Töpfen und steigt bis ganz hinauf zur **Kirche San Niccolò**. Wie eine Burg mutet das Gotteshaus nicht zu Unrecht an: Da Poggio über keine eigene Festung verfügte, baute man die Pfarrkirche aus dem 8. Jh. für Notfälle als Verteidigungsanlage aus. Im 16. Jh. erhielt sie ihre wehrhaften Bastionen, die man noch klar neben der Fassade erkennen kann. Das Innere blieb hingegen ganz von der geistlichen Funktion des Gebäudes geprägt. Die Orgelempore und die schöne Orgel verdienen einen Blick. Der Aufstieg zu San Niccolò belohnt darüber hinaus mit einer herrlichen Aussicht. Von dem kleinen Kirchvorplatz sieht man Marciana Alta reizvoll vor dem Monte Capanne-Massiv liegen. Ruhe und Frieden genießt man hier, Vögel zwitschern, und weit entfernt hört man den

ROUTE 2

Linienbus mit einem Hupen seine Ankunft verkünden. Im Sommer erfreut man sich an der kühlen Frische, den grünen Laubwäldern, und Wildschweinfans sollten sowieso kommen.

Monte Capanne, Ortsteil Poggio, 57030 Marciana, ☎ 05 65 9 90 83. April–Sept. Oberhalb des Städtchens gelegen, für erholsame Ferien im Grünen, ideal für Wanderer als Ausgangspunkt für Touren ins Monte Capanne-Massiv. Ⓢ HP

Publius, Piazza XX Settembre, ☎ 05 65 9 92 08. Ausgezeichnete Wildschweinspezialitäten (in der Saison von der Vorspeise übers Nudelgericht bis zur Hauptspeise alles *cinghiale*), Pilze und hausgemachte Nudeln bietet der Familienbetrieb; den Panoramablick gibt's gratis dazu. Ⓢ)

Luigi, Ortsteil Lavacchio (an der Straße, die von Poggio nach Marciana Marina führt, biegt man rechts ab), ☎ 05 65 9 94 13, typisch toskanische Hausmannskost, viel Gegrilltes, mitten im Grünen gelegen. Ⓢ)–Ⓢ))

Wanderung zur Einsiedelei von San Cerbone

An der Straße von Poggio nach Marciana Alta beginnt beim Friedhof eine halbstündige Wanderung zur Einsiedelei von San Cerbone auf der gepflasterten Forststraße. Typisch für die Zeit der Völkerwanderung ist die Geschichte, die Papst Gregor d. Gr. über das Schicksal des hl. Cerbone erzählt. Zunächst musste Cerbone seine Heimat Nordafrika verlassen: Die Vandalen, die arianische Christen waren – sie leugneten die Einheit von Gottvater und Gottsohn –, vertrieben ihn in die südliche Toskana. Hier lebte er als Einsiedler, wurde dann Bischof von Populonia. Als die Langobarden, auch sie Arianer, die Toskana

Das malerische Bergstädtchen Poggio – am Eingangsplatz

Der Monte Capanne, von Marciana Alta aus gesehen

Die Talstation der Seilbahn am Monte Capanne

Polyglott **47**

eroberten und 569 Populonia plünderten, musste er erneut flüchten. Wie viele andere Mönche und Einsiedler suchte er Schutz auf einer Insel und lebte bis zu seinem Tode als Eremit in der Höhle oberhalb von Poggio.

Wie er es gewünscht hatte, brachten seine Gefährten seinen Leichnam zur Bestattung nach Populonia, wo noch heute eine kleine Kapelle am Strand von Baratti an Cerbone erinnert. Nach der Zerstörung Populonias durch die Sarazenen und der Verlegung des Bischofssitzes nach Massa Marittima überführte man auch die Gebeine des Heiligen, die noch immer in einem wunderschönen romanischen Sarkophag im Dom von Massa liegen.

Cerbone-Wetter

Bis zum heutigen Tag spricht man auf Elba von einem San Cerbone-Wetter. Das hat folgenden Grund: Die Begleiter des Heiligen wurden nämlich bei ihrer Überfahrt von einem starken, böigen Regen verborgen, so dass die Langobarden sie nicht sehen konnten und sie unversehrt zurück nach Elba gelangten.

Wie vorausschauend der Heilige sein Begräbnis geregelt hatte, zeigte sich nach seinem Tode. Bis 1421 (!) stritten sich Poggio und Marciana Alta um den Ort, wo seine Kapelle errichtet werden sollte. Jacopo II. Appiani fand dann die Lösung: Der Eingang liegt auf dem Gebiet von Marciana Alta, der Altar auf dem von Poggio. An dem schön restaurierten Bau beachte man das Wappen der Appiani.

Zum Monte Capanne

Wahrscheinlich haben Sie auch schon Napoleons Wasser getrunken. In praktisch jedem Lokal Elbas kommt das Wasser der **Fonte Napoleone** auf den Tisch, das dem Kaiser bei seinem Blasenleiden Erleichterung verschafft haben soll und dem Städtchen Poggio zu dem Zusatz *Terme* (Trinkkurort) verholfen hat. Wer Flaschen dabeihat, kann sie wie die Elbaner direkt an der Quelle, die an der Straße nach Marciana Alta liegt, kostenlos abfüllen.

Kurz hinter der Napoleonquelle findet sich an derselben Straße die Talstation der Bahn auf den **Monte Capanne** (auch hier besteht die Möglichkeit, zur Einsiedelei San Cerbone zu wandern). Recht luftig geht es in den gelben Käfigen der *Cabinovia* in 15 Minuten hinauf auf den höchsten Berg der Insel. Oben braucht man auch im Hochsommer warme Kleidung! An klaren Tagen bietet sich eine phantastische Aussicht auf ganz Elba, den toskanischen Archipel, Korsika und bis zum Festland. Wer Lust hat, kann zu Fuß nach Poggio oder Marciana Alta absteigen – natürlich ist es auch umgekehrt möglich: zuerst gehen, und dann zurückfahren (2–3 Stunden Wanderzeit).

◐ Ostern–Okt. 10–12.15 (letzte Auffahrt) und 14.45 bis 18 Uhr, im Hochsommer letzte Abfahrt 19 Uhr;
☎ 05 65 90 10 20.

Im einzigen vegetarischen Restaurant Elbas, dem **Cabinova** in der Talstation der Seilbahn (☎ 05 65 90 10 29), werden nur biologisch angebaute „Rohstoffe" für die wohlschmeckenden Kreationen verwendet. Ⓢ–Ⓢ

Auch besonders schöne, in Elba hergestellte Keramikarbeiten findet man an der Talstation – bei **Ceramiche dell'Elba**. Brauchen Sie nach dem kühlen Wind oben am Berg vielleicht eine Grappa zum Aufwärmen? Bei der Abfahrt nach Marciana Marina liegt in einer Rechtskurve auf der linken Seite der Probierstube der **Unione Elbana Vini**. Schilder künden die *Degustazione* an. Neben einer guten Grappa kann man auch Weine und einen Amaro (Magenbitter) probieren und natürlich kaufen, ebenso einen hervorragenden Honig.

Marciana Marina

Nach den letzten Kurven lässt man die grünen Wälder hinter sich und fährt nun durch eine liebliche Landschaft mit Weingärten und Obstbäumen hinunter in einen der schönsten Ferienorte Elbas mit 1950 Einwohnern, nach Marciana Marina. Die wunderschöne, mit alten Tamarisken bestückte Hafenpromenade zieht sich malerisch vor den bunten kleinen Häusern am Meer entlang. An der Mole dümpeln Yachten und Fischerboote im Wasser, der von den Pisanern im 12. Jh. errichtete Sarazenenturm hält Wacht. Cafés und Bars laden ein, stundenlang aufs Meer hinauszusehen. Die lockere, heitere Atmosphäre und der gemächliche Rhythmus der Einheimischen überträgt sich auf gestresste Touristen.

An klaren Tagen hat man vom Monte Capanne eine phantastische Aussicht

Einst nur der Hafen der Residenzstadt Marciana Alta, entwickelte sich Marciana Marina in der Neuzeit (nach dem Ende der Piratengefahr) zu einem belebten Fischereizentrum und wurde 1887 eine eigenständige Gemeinde. Die Fangflotte existiert zwar auch heute noch und trägt zum Lebensunterhalt der Bewohner bei, die ortsansässige Fischfabrik (die letzte Elbas) musste jedoch 1995 aus Rentabilitätsgründen geschlossen werden. Mehr und mehr hängt daher auch Marciana vom Tourismus ab. Trotz der vielen Besucher konnte sich die Stadt bisher ihr Eigenleben bewahren, dessen Reiz man sofort entdeckt, wenn man nur wenige Schritte von der Hafenpromenade ins Gewirr der Gässchen tritt.

Im Hafen von Marciana Marina

Kaum 50 m vom Meer öffnet sich eine typisch italienische Piazza, platanenumstanden, nette Bars, richtig südländisches Flair atmet man auf der **Piazza Vittorio Emanuele**. Majestätisch schaut die im Vergleich zu den kleinen

Badespaß in Marciana Marina – im Hintergrund die Altstadt

ROUTE 2

Häusern rundherum fast riesig erscheinende barocke Pfarrkirche **Santa Chiara** auf spielende Kinder und alte Männer. Und nicht weiße Plastikstühle laden in der *Paninoteca Palmo & Boccio* zu einem Imbiss ein, sondern noch die schönen alten Metallsitze.

Die kleine, seit dem Mittelalter bewohnte Altstadt von Marciana Marina, **Cotone,** liegt im Osten der Hafenpromenade leicht erhöht auf den Felsen. Von einer winzigen Aussichtsterrasse überblickt man die lange Hafenpromenade, den Trubel scheint man dort unten zurückgelassen zu haben. Das pittoreske Fischerviertel bietet eine ruhigere Alltagsatmosphäre.

Die Häuser sind oft direkt auf den Fels gebaut, der unten am Meer kleine Tafoni bildet. Wie bei den riesigen Verwandten in der Nähe der Kirche Madonna del Monte handelt es sich um durch Erosion gebildete Höhlungen in oft bizarren Formen (s. S. 56). Die bunten Boote, die hier an Land gezogen werden, scheinen fast aus einem Fotoband „So lebten die Fischer Elbas" zu stammen. Wer in Cotone noch ein Stück weiterspaziert, genießt einen schönen Blick auf die Buchten und die Brandung.

Hinter der Hafenmole mit dem Sarazenenturm liegt der Hausstrand von Marciana Marina, *La Fenicia*. Kieselsteine und Granitfelsen laden zum Sonnenbaden ein, malerisch dominiert der Sarazenenturm die Szenerie.

Alle Adressen: 57033 Marciana Marina.

APT, Piazza Vittorio Emanuele 19, ☎ 0 56 59 95 63, ◷ Mitte Juni–Mitte Sept.;
Brauntour Viaggi, Via Cavallotti 10, ☎ 05 65 99 68 73, 📠 05 65 99 68 24.

Gabbiano Azzurro Due, Viale Amedeo, ☎ 05 65 99 70 35, 📠 05 65 99 70 34. ◷ April bis Anf. Okt. Etwas außerhalb gelegen, dafür mit 20 Suiten, Swimmingpool und Hallenbad, Fitnessraum, Frühstücksbuffet. Ⓢ

Yacht Club, Via A. Moro, ☎ 05 65 90 44 22, 📠 05 65 90 44 65. ◷ April– Sept., 50 m vom Hafen gelegen, großes Frühstücksbuffet. Ⓢ–ⓈⓈ
Marinella, Viale Margherita 38, ☎ 0 56 59 90 18, 📠 05 65 99 68 95. ◷ Anf. April–Anf. Sept., fast direkt am Meer, von großen Schirmpinien umgeben, mit Tennisplätzen und Swimmingpool. Ⓢ–ⓈⓈ HP

ROUTE 2

La Conchiglia, Via XX Settembre 43,
☎ 0 56 59 90 16, 📠 0 56 59 94 88.
🕑 Mitte April–Okt. 80 m vom Meer,
Familienbetrieb mit Garten und Pool.
Ⓢ–ⓈⓈ HP

Imperia, Viale Amedeo 12,
☎ 0 56 59 90 82, 📠 05 65 99 87 42.
🕑 ganzjährig. Mitten im Zentrum
Marcianas gelegenes, familiäres Hotel.
Ⓢ–ⓈⓈ

ROUTE 2

 Rendez-Vous, Via del Cotone 21, ☎ 0 56 59 92 51. Im Osten der Hafenpromenade serviert der Familienbetrieb hervorragende Fischspezialitäten ⓢ))
La Gritta, Via del Cotone 17, ☎ 05 65 90 43 90. Fischspezialitäten direkt am Meer, bei den Tafoni. ⓢ)
Enoteca Coltelli, Piazza della Vittoria 12 (kleiner Platz im Osten der Hafenprom.), ☎ 0 56 59 91 66, in dem sehr gemütlichen, urigen Lokal sitzt man unter großen Bögen an Holztischen, empfehlenswert die *bruschette*, geröstete Brotscheiben, z. B. mit Butter und Sardellen; Wein, Olivenöl und Honig auch zum Mitnehmen. ⓢ
La Onda, nette Crêperie, 10 m von der Promenade (Via Principe Amedeo 4), süße Crêpes und salzige, z. B. mit geräuchertem Scamorza-Käse. ⓢ

 Falls Sie Ihre E-Mails auch im Urlaub lesen möchten: **Foto Berti,** Via Cavour 5, offeriert Internet-Zugang (🕒 9–13 und 17–23 Uhr).

 Deutsche Zeitungen und Urlaubslektüre an der Hafenpromenade bei **Rigola,** Piazza della Vittoria 26. **Camminare** (Viale Margherita 21, Hafenprom.), falls Sie nicht immer mit den gleichen Sandalen herumlaufen wollen. Für den richtigen Geldbeutel bietet **Il Veliero** an der Promenade Exklusives von Trussardi (Viale Margherita 18). **Acqua Marina,** Scali Mazzini 8: schöner Schmuck aus Mineralien und Steinen. **Gulliver,** Via Mentana 6: traumhaft schöne Keramiken und geschmackvolle T-Shirts, kreiert von zeitgenössischen Künstlern. **Enoteca Le Due Valli,** Viale Margherita 7. Hier findet man Elbas Weine, auch den kostbaren Aleatico sowie den Zitronenlikör Limoncino d'Elba.

Der **Fischerladen** (Via XX Settembre 1) vermietet Angeln und was Petrijünger sonst noch brauchen.

Einige Lebensmittelläden bieten italienische Wurst- und Käsespezialitäten in großer Auswahl sowie den richtigen Wein für's Picknick an. Selbst der Supermarkt **Despar** (Via Lloyd) lohnt einen Besuch.

 Falls Sie einen **Wein aus Elba** suchen, achten Sie darauf, dass er das Gütesiegel D O C trägt, oder kaufen Sie direkt beim Bauern.

Dienstags findet in Marciana Marina der Markt statt.

 First Love, Via Cap Gaspare Dussol 9, gemütliche Kneipe, die gleichzeitig auch Restaurant und Pizzeria ist.

Tauchschule: **Elba Diving Center,** Via Aldo Moro, ☎ 05 65 90 42 56, 📠 05 65 90 43 63.

Fahrrad- und Motorradverleih: **Mazzei Bibi,** Via XX Settembre, ☎ 0 56 59 94 47 (auch Mietwagen).

Veranstaltungen: 12. August – Fest der Stadtpatronin Santa Chiara: Tausende kleiner Lichter beleuchten bei dieser besonders sehenswerten Prozession am Abend die Fischerboote, die die Statue der hl. Klara aufs Meer hinausführen. Man wartet gespannt auf ihre Rückkehr – dann beginnt nämlich das große Feuerwerk, und die Feier geht erst richtig los! Juli–August: Jazz- und Klassikkonzerte auf der Piazza.

Ausflug nach La Cala

Vom Strand La Fenicia fährt man einfach weiter zur nächsten Bucht. Die Straße ist eine Sackstraße. Eine wundervolle Aussicht die Küste entlang bis nach Sant'Andrea hinunter, blaues Meer, dichte grüne Macchia und Einsamkeit warten auf Spaziergänger.

 Andreina, Ortsteil La Cala, ☎ 05 65 90 81 50. 🕒 April–Sept. Wohl das einzige Hotel, das man nur über einen viertelstündigen Fußmarsch entlang eines schmalen Pfades erreicht. Garantiert autofreie Erholung im Grünen (Parkmöglichkeit am Ende der Straße). ⓢ–ⓢ

Route 3

Der einsame Westen

Vor 1963 kam niemand in den Westen Elbas, es sei denn mit dem Esel, zu Fuß oder per Schiff. Heute fährt man zwischen Meer und Bergen eine der panoramareichsten Strecken der Insel entlang. Die Felsvorsprünge und Buchten sind oft atemberaubend – doch trotz der Leitplanken ist Vorsicht geboten: Es geht steil hinunter!

Auf dem Weg nach Marciana Alta liegt San Lorenzo

Nach Marciana Alta

Von Marciana Marina geht es mit dem Monte Capanne im Blick hinauf Richtung Marciana Alta. Bereits im Laubwald hält man sich an der Kreuzung Poggio/Marciana Alta rechts. Nach knapp 1 km gelangt man an eine relativ spitze Kurve am Ende des Tales. Circa 100 m weiter führt rechts ein schwer erkennbarer Feldweg hinunter. Man parkt an der Straße und geht circa 30 m zu Fuß. Wer die großen Kehren erreicht hat, ist zu weit gefahren!

Die kleine, im 12. Jh. errichtete Kirche **San Lorenzo** ist ein typisches Beispiel Pisaner Romanik auf Elba. An der Fassade stehen noch die beiden Pfeiler, die den typischen Segelglockenturm trugen. Leider fehlt das Dach, das Gestrüpp aus dem Innenraum und rund um die Kirche wurde entfernt.

Die Gegend um Marciana Alta eignet sich gut für eine Radtour

Durch einen kühlenden Laubwald geht es in großen Kurven nach **Marciana Alta** (2300 Einw.; 374 m). Dem bezaubernden kleinen Residenzstädtchen, das sich malerisch am Abhang des Monte Giove (790 m) hinzieht, sieht man es auch heute noch an, dass hier einst die Highsociety der Insel lebte. Die Appiani regierten von Marciana aus ihr kleines Reich, und der Ort weist noch viele, im Vergleich zum Festland

Marciana Alta vom Monte Capanne aus gesehen

ROUTE 3

bescheidenere, Adels- und Bürgerpaläste auf. Das geschlossen erhaltene, zum Teil noch mittelalterlich geprägte Stadtbild, die kleinen Gässchen, die unzähligen Treppen, Erker und Balkone – all das erschließt man sich am besten durch einen Spaziergang. Unzählige Blumentöpfe verschönern Balkone, Treppenabsätze und Veranden.

Tipp Die Gemeinde Marciana Alta organisiert von Juni–Sept. tgl. von 8–20 Uhr den **Marebus** zu den Stränden des Inselwestens. Einzelfahrkarte 1000 L., Wochenkarte 10 000 L. Monatskarte 30 000 L., Familienwochenkarte (max. 4 Pers.) 15 000 L. (in vielen Hotels für Gäste Gratiskarten).

Ältester Inselort

Von einem Römer namens *Marcius* erhielt die Stadt ihren Namen. Die Römer bezeichneten ihre Ländereien normalerweise als „*Besitz des Soundso*", hier also „*Besitz des Marcius*" *(massa marciana)*. Marciana war jedoch schon in vorrömischer Zeit besiedelt und gilt als ältester bewohnter Ort der Insel. Die Pisaner legten im 12. Jh. erste Befestigungen und die Stadtmauer an. Die Appiani wählten Marciana als Sitz ihrer Residenz auf Elba weit weg vom Meer und somit den Piraten. Kirchen und Herrenhäuser entstanden, die Verteidigungsanlagen wurden 1460 erneuert. Trotzdem verwüsteten die Piraten Draguts 1553 Marciana. Dabei zerstörten sie auch San Lorenzo. Nach der Übernahme des Fürstentums 1634 durch Niccolò Ludovisi verlor Marciana Alta an Bedeutung.

Die *Pisaner Festung* oberhalb des Ortes dominiert eindrucksvoll Marciana, und genauso eindrucksvoll ist der Blick auf den Nachbarort Poggio und hinunter bis Marciana Marina. Das aus Quadersteinen ohne Mörtel quadratisch angelegte Kastell des 12. Jhs. weist vier mächtige Eckbastionen auf, im Inneren ist der Wehrgang noch gut erhalten. Unterhalb der Festung soll bis zum Sommer 2000 ein Info-Büro des Naturparks Toskanischer Archipel entstehen.

 Gleich um die Ecke links von der Burg bietet die **Bar Monilli** Erfrischungen und Snacks, kombiniert mit einer herrlichen Aussicht von der Terrasse auf den Monte Capanne und nach Poggio – ein beliebter Treff an Sommerabenden. $

Über schmale Gässchen geht es treppab ins Zentrum, vorbei am kleinen *Oratorium des hl. Liborius*.

Das sehr sehenswerte *Archäologische Museum* wartet auf halber Höhe in einem von außen eher unscheinbaren Haus. Gezeigt wird Elbas Vor- und Frühgeschichte in einer Art Arbeitsteilung mit dem Museo Archeologico in Portoferraio, das mehr Gewicht auf Etrusker- und Römerzeit legt. Spuren der Menschen, die Elba vor 40 000 Jahren besiedelten, wie Pfeilspitzen, Äxte und andere einfache Werkzeuge, kann man betrachten, aber auch Funde aus etruskischer Zeit und Amphoren aus römischen Wracks fehlen nicht.

Interessant ist der kleine Behälter mit den 2000 Jahre alten Oliven sowie das Glanzstück des Museums, der 4000 Jahre alte Schädel einer etwa 23-jährigen Frau. Die Beschriftungen sind auch auf Englisch! ⌚ Bis Frühjahr 2000 in restauro; ☎ 05 65 90 12 15.

Steigt man weiter hinunter, überrascht an einem kleinen Platz die Kirche *Santa Caterina*. Einen näheren Blick sollte man auf die Engel im Deckengemälde der dreischiffigen Kirche werfen. Auf dem Triumphbogen sieht man Santa Caterina, die Patronin von Marciana Alta, mit der Stadt dargestellt sowie mit dem Rad, auf dem sie gefoltert wurde.

Durch das Stadttor vor Santa Caterina tritt man hinaus auf die lang gestreckte Piazza. Der Blick schweift ins Tal bis Marciana Marina und hinauf, die Fassaden der prächtigen Paläste entlang.

ROUTE 3

Auch zur Zeit der Appiani legten die Höflinge Wert darauf, einen „Sitz" mit Aussicht in der ersten Reihe zu haben.

 Direkt an der Balustrade, immer mit Blick auf Marciana Marina, serviert die Bar **La Porta** Erfrischungen und *bruschette,* geröstete Brotscheiben mit Knoblauch eingerieben oder belegt. Ⓢ

Viele romantische Ecken, Rundbögen, gepflegte Gässchen und die Kapelle *Sant'Agapito* aus dem 15. Jh. warten bei einem Spaziergang zum hinteren Stadttor. Anklänge an die einstige Größe des Städtchens zeigen etwas weiter oberhalb das kleine Oratorium *San Francesco* mit seiner schönen Renaissancefassade und in der Via Appiani an einem Palast das eindrucksvolle Wappen von *Grimaldus Bernottus.* Von der Residenz der Appiani sieht man nichts mehr, da sie hinter San Francesco in ein Privathaus umgewandelt wurde. Am Ortsausgang (Richtung Poggio) bietet das *Museo dell'Arte Contadina Elbana* einen Einblick in die bäuerliche Lebenswelt (bis zum Frühjahr 2000 wegen Restaurierung geschlossen).

 Brot und Pasta sind hausgemacht in der phantasiereichen Küche der **Osteria del Noce,** Via della Madonna 19 (☏ 05 65 90 12 84). Man speist wunderschön auf der Terrasse. Ⓢ–Ⓢ

 Am 18. August, dem **Festtag des hl. Agapit,** großes historisches Spektakel von 15–24 Uhr: 200 Teilnehmer wie Gaukler und Fahnenschwinger ziehen in mittelalterlichen Kostümen durch die Straßen, Osterien servieren mittelalterliche Gerichte.

Wanderung zur *Wallfahrtskirche Madonna del Monte

Man beginnt den circa 30-minütigen Aufstieg an der Pisaner Festung und wandert zunächst unter Kiefern, dann über eine Art Treppe weitgehend unter

Verwinkelte Gassen, mit Blumen geschmückt

Das Archäologische Museum bewahrt alte Funde

Hier sitzt man vis-à-vis vom Monte Capanne

brennender Sonne: Der letzte große Waldbrand Elbas vernichtete 1994 größtenteils die Macchia am Monte Giove. Anklagend ragen die verkohlten Stümpfe zwischen den Felsen in den blauen Himmel. Verschont blieben die von zeitgenössischen Künstlern gestalteten 14 Kreuzwegsstationen Christi. Bei einer Verschnaufpause an der 11. Kreuzwegsstation sollte man nach rechts den Berg hinaufblicken. Der „Adler", wie der Gesteinsbrocken genannt wird, breitet seine Flügel aus und scheint sich ins Meer hinunterstürzen zu wollen. Die seltsamen Gesteinsformationen, *tafoni* genannt, entstanden durch Wind- und Regen-Erosion im Lauf Tausender von Jahren, wobei sich bestimmte Teile des Granits schneller als andere lösten. Der Name stammt vom Korsischen *tafonare* für durchlöchern.

 Nello Anselmi, „Mostri di Pietra dell'isola d'Elba": ein wunderschöner Bildband der Riesentafoni, auch mit deutscher Beschreibung.

Hat man die Höhe von 672 m erreicht, laden Picknicktische zur Rast ein, hinter dem Gotteshaus kann man sich in einem hübschen Oval aus einem der Löwenköpfe frisches Quellwasser ins Gesicht laufen lassen. „Schatten und Wasser, was braucht man mehr zum Glück", soll Napoleon an dieser Stelle ausgerufen haben.

Seit dem 15. Jh. verehrte man das wundertätige Bild der Madonna am Hauptaltar. Die Kirche selbst entstand erst 1595, wahrscheinlich auf einer seit heidnischen Zeiten genutzten Kultstätte, wie prähistorische Funde in der Umgebung nahelegen.

Ein Pfad führt von der Kirche in ca. 10 Minuten zu den Tafoni. Können Sie den Bären, die Pferde oder den Drachen erkennen? Von hier hat man eine traumhafte *Aussicht* bis nach Korsika, zu den Inseln Capraia und Gorgona, selbst zum toskanischen Festland. Tief unten leuchtet das blaue Meer.

Nach Sant'Andrea

Man verlässt Marciana Alta Richtung Sant'Andrea. Die Strecke die Westküste entlang zählt zu den schönsten Panoramastraßen Elbas. Atemberaubende Steilhänge stürzen ins Meer, liebliche Ferienorte mit netten Bars laden zum Bleiben ein, eine tolle Aussicht auf die umliegenden Inseln überrascht immer wieder. Begleitet von Edelkastanien, führt die Straße an den Talausläufern des Monte Giove entlang, bevor sie ans Meer führt.

Der Werbeslogan des noch sehr urtümlichen Ortes **Zanca** könnte lauten: *Ein ganzes Dorf vermietet Zimmer*. Fast an jedem Haus heißt es *appartamenti/camere*. Mit herrlicher Aussicht aufs Meer bis Capraia und davon links Korsika, eingebettet zwischen Weingärten und Feigenkakteen verlebt man hier oben abseits vom Tourismus ruhige Ferien.

Eine enge, kurvenreiche Straße führt durch eine typisch mediterrane Landschaft mit Zitronenbäumchen, Schirmpinien, Weingärten und Blumenpracht hinunter ans Meer nach **Sant'Andrea**. Das Fischerdörfchen konnte trotz der rasanten Entwicklung zum Ferienort noch etwas von seinem ursprünglichen Charakter bewahren. Eingerahmt von grünen Hügeln, finden Sonnenanbeter ein kleines Paradies. Vom Sandstrand wandert man links entlang zu den riesigen Granitfelsen – von Bucht zu Bucht wird es einsamer. Sogar eine hübsche Geschichte kann Sant'Andrea vorweisen: Der Vater von Victor Hugo soll hier 1802 als Gouverneur der Insel mit dem Abfeuern einer einzigen Kanonenkugel ein Piratenschiff vertrieben haben.

Tipp Der Küstenabschnitt bei Sant' Andrea gilt als eines der besten **Tauchgebiete** der Insel.

 Alle Adressen: Ortsteil Sant' Andrea, 57030 Marciana. **Barsalini**, ☎ 05 65 90 80 13, ☏ 05 65 90 82 64. ◐ April–Ende Okt. 20 m vom Strand in Panoramalage,

Swimmingpool, phantasievoller Kinderpark mit kleinem „Zoo". Ⓢ HP
Gallo Nero, ☏ 05 65 90 80 17, 📠 05 65 90 80 78. 🕒 April–Mitte Okt. Panoramalage, Tennis-, Kinderspielplatz, Park, Swimmingpool, gepflegte, familiäre Atmosphäre. Ⓢ–ⓈⓈ HP
Hotel Cernia, ☏ 05 65 90 81 94, 📠 05 65 90 82 53. 🕒 Ende März–Ende Okt. Familienbetrieb im 8000 m² großen Botanischen Garten, 200 m vom Strand, auch dort zum Hotel gehörender Garten, Tennisplatz. Ⓢ–ⓈⓈ HP
Bellavista, ☏ 05 65 90 80 15, 📠 05 65 90 80 79. 🕒 April–Okt. Netter Familienbetrieb, im Grünen gelegen, für erholsame Ferien. Ⓢ–ⓈⓈ

 **Ilio,** ☏ 05 65 90 80 18, 📠 05 65 90 80 87. 🕒 Anf. April–Ende Okt. Erstes Bio-Hotel Elbas, wo auf Umweltschutz geachtet wird. Ⓢ–ⓈⓈ HP

Die Wallfahrtskirche Madonna del Monte

Von Madonna del Monte nach Chiessi

In 5–6 Stunden durchquert man bei dieser wunderschönen Wanderung die Insel, immer wieder öffnen sich herrliche Ausblicke. Der Weg ist gut gekennzeichnet, man folgt der Markierung 3.

Der teilweise mit großen Steinen gepflasterte Pfad stellte vor dem Bau der Panoramastraße am Meer die einzige Verbindung zu den Küstenorten Westelbas dar. Man wandert sozusagen auf historischen Pfaden. Zunächst spaziert man auf gleichbleibender Höhe von 500–600 m an der Westflanke des *Monte Giove* entlang durch verkohlte Landschaft. Der Blick erreicht *Zanca* und *Sant'Andrea* am Meer. Nach einer knappen halben Stunde Gehzeit trifft man auf Vegetation, dann blüht und duftet die Macchia wieder. *Patresi* grüßt mit seinem Leuchtturm vom Meer herauf. Die Vegetation wird noch dichter, teilweise geht man nun im Schatten, sogar hohe Bäume säumen den Weg, Bächlein kreuzen den Pfad. Ab einem großen Geröllfeld linker Hand steigt man bergauf. Nach der Anstrengung gönnt man sich oben eine Pause, bevor es abwärts geht. Rechts führt ein Pfad Richtung *Semaforo*, einem Aussichtspunkt über der Westküste. Man folgt weiter Weg Nr. 3 und lässt die dichte Pflanzenwelt hinter sich. Niedrige Garigue, aufgelockert durch blaue wilde Lupinen, rosa und weiß blühende Baumerika, ab und zu eine Orchidee, säumen nun die Strecke. Längst von der Macchia wieder überwucherte Terrassenfelder zeichnen noch ihre Konturen in die Berghänge. Achtung an einer schwer sichtbaren Abzweigung!

Man muss geradeaus (rechts) weitergehen, nicht links hinunter. Sonst landet man in Pomonte. Der kahle Gipfel von *San Bartolomè* überwacht den Pfad, die Aussicht auf *Chiessi* lässt das Ziel näher rücken. Nach dem steilen Abstieg über große Stufen durch die Weinberge schüttelt man mit einem erfrischenden Bad im Meer alle Anstrengungen der Wanderung wieder ab.

ROUTE 3

Il Saraceno, ☎ 05 65 90 80 48, Pizzeria, im Sommer sitzt man schön im Freien, und die Kinder erfreuen sich an den Schwänen im Park des Hotels Barsalini. $

Von Patresi bis Punta Nera

Das Erkennungszeichen von **Patresi** sieht man schon von weitem: den weißen Leuchtturm (im Besitz der italienischen Marine). Eine enge Straße führt an verstreut am Hang gelegenen Häusern vorbei hinunter ans Meer. Keine Wendemöglichkeit für Wohnwagen oder Campingbusse! Ein verrosteter Anker, große Steine und absolute Ruhe warten am betonierten Hafen, wo ein Bächlein ins Meer fließt. Felsen laden zum Sonnen und Baden ein.

Alle Adressen: Ortsteil Patresi, 57030 Marciana.
Bel Tramonto,
☎ 05 65 90 80 27, 📠 05 65 90 82 80.
🕒 Anf. April–Mitte Okt. Sehr ruhig gelegener Familienbetrieb im Grünen, herrliche Aussicht aufs Meer, auch Apartments. $–$$
Bel Mare, ☎ 05 65 90 80 67,
📠 05 65 90 83 12. 🕒 März bis Anf. Nov. Private Atmosphäre im Grünen, wo der Vater die Fische für das Restaurant noch selbst fängt, Fahrradverleih. $–$ HP

Felsgestein, bewachsen mit niedriger Macchia, bildet die Kulisse an diesem Straßenabschnitt. Immer wenn ein kleines Dorf auftaucht, kommen Terrassenfelder mit Weinreben hinzu, wie in **Colle D'Orano.** Wanderungen belohnen hier jedes Mal mit einer traumhaften Aussicht. Man fährt nun oberhalb der Küste entlang – unendlich blau dehnt sich das Meer aus. Bei klarem Wetter dient Korsika als Blickfang.

Halten sollte man nur in den kleinen Parkbuchten, die steil abfallenden Felswände mahnen zur Vorsicht. Vor allem nach einem Unwetter muss man auch mit Steinen auf der Straße rechnen.

Villa Rita, Ortsteil Colle D'Orano, 57030 Marciana,
☎ 📠 05 65 90 80 95.
🕒 April–Sept. In schöner Panoramalage, mit Restaurant und Bar. $–$ HP

Bastia's, Ortsteil Colle D'Orano, Via dei quattro Archi 29,
☎ 05 65 90 83 83. Mit traumhaftem Meerblick genießt man in der Pizzeria-Spaghetteria-Bar hervorragende Pizzen aus dem Holzofen. $

Am westlichsten Punkt der Insel, **Punta Nera,** fallen die Felsen besonders spektakulär zum Meer hin ab. Die Inseln Korsika und Capraia sieht man schon seit einer Weile, nun auch die Insel Pianosa und den Kegel von Montechristo.

Chiessi und Pomonte

Überraschend taucht hinter einer Kurve der kleine Fischerort **Chiessi** auf. Die weißen Häuser stehen eingebettet zwischen den Weingärten und dem türkis schimmernden Meer. Fast meint man, sie duckten sich vor den hohen Bergen. Die Fischerboote am Strand verleihen dem Ort noch ein wenig von der ursprünglichen Atmosphäre. Breite Granitplatten ziehen Sonnenanbeter an, Taucher sind auf Amphorensuche, denn vor Chiessi sanken in römischer Zeit ebenso Schiffe wie im Mittelalter. In klaren Nächten grüßen die Lichter von Bastia auf Korsika herüber.

Tipp Die **Wanderung** nach Maraciana Alta über Madonna del Monte (s. S. 57).

Wer nicht ganz so lange wandern möchte, kann auch nur bis auf Höhe der Weinberge aufsteigen, vielleicht bis auf den Gipfel des kahlen *San Bartolomè*. Es geht steil hinauf, dafür wird man mit einer wunderschönen Aussicht auf Chiessi und dem Duft der Macchia belohnt.

Il Perseo, Ortsteil Chiessi, 57030 Marciana,
☎ 05 65 90 60 10,
📠 05 65 90 61 09. 🕒 März–Dez. Direkt

an der Hauptstraße, 100 m vom Meer, Panoramaterrasse. Ⓢ–Ⓢ⟩⟩

Die Idylle eines kleinen Fischerdorfes ging **Pomonte,** der römischen Gründung hinter dem Berg *(post montem),* noch nicht verloren. Gerade die niedrigen Häuser am Strand lassen so etwas wie Atmosphäre entstehen. Weinberge, die sich in Terrassen den Hang hinaufziehen, runden das friedliche Bild ab. Das markanteste Ereignis der Geschichte Pomontes bildet bis heute der Überfall des türkischen Piraten Dragut, der es 1553 dem Erdboden gleichmachte. Auch wenn der Ort über touristische Infrastruktur verfügt, wird man hier vergeblich nach viel Trubel „suchen". Am Strand laden wie in Chiessi Granitplatten und Kieselsteine zum Sonnen und Baden ein, für Taucher ist es auch hier paradiesisch.

Tipp Die **Wanderung** nach Marciana Alta kann man auch von Pomonte aus unternehmen, auf etwa 600 m Höhe trifft sich der Weg Nr. 4 mit dem Weg Nr. 3.

 Alle Adressen: Ortsteil Pomonte, 57030 Marciana.
Villa Mare,
☎ 05 65 90 62 21, 📠 05 65 90 62 22. ⊙ Jan.–Okt. Hotel in Strandnähe, mit Solarium, der Besitzer kocht selbst, viele Fischgerichte. Ⓢ–Ⓢ⟩⟩ HP
Corallo, ☎ 05 65 90 60 42, 📠 05 65 90 62 70. ⊙ März–Okt. Circa 200 m vom Strand im Grünen gelegen, absolut ruhiger Familienbetrieb mitten im Dorf. Ⓢ–Ⓢ⟩ HP
Da Sardi, ☎ 05 65 90 60 45, 📠 05 65 90 62 53. ⊙ Anf. März–Okt. 20 m vom Meer, ruhige Lage, der Besitzer kocht selbst typisch elbanische Gerichte. Ⓢ–Ⓢ⟩ HP
L'Ogliera, ☎ 05 65 90 62 10, 📠 05 65 90 60 12. ⊙ ganzjährig, direkt neben dem „Corallo" gelegen, mit den gleichen Charakteristika. Ⓢ–Ⓢ⟩ HP

L'Ogliera, ☎ 05 65 90 60 12. Nettes Restaurant des gleichnamigen Hotels, das an der

Das Fischerdörfchen Sant'Andrea ist ideal für Sonnenanbeter

Steil fällt die Westküste Elbas zum Meer hinab

In den bewirtschafteten Hängen Pomontes

Hauptstraße liegt, Fischgerichte als Spezialität. Ⓢ–Ⓢ

Verleih von Tauchausrüstung und Nachfüllstation für Flaschen: **Lia Mare,** Piazza della Chiesa, ☏ 05 65 90 60 44.

Fetovaia und Seccheto

Hinter Pomonte wird die Vegetation noch spärlicher. Nackter Fels tritt hervor. Agaven und Feigenkakteen dominieren, im Frühjahr allerdings zeigt Elba selbst hier seine Blütenpracht.

Von einem Aussichtspunkt unmittelbar vor dem Ort besitzt man den besten Blick auf **Fetovaia**. Nach wildem Fels, Granit und kahlem Stein glaubt man hier in einer Oase gelandet zu sein. Eine lange, grüne Landzunge schützt einen der schönsten weißen *Sandstrände der Insel vor den manchmal heftigen Stürmen, die das Meer aufwühlen. Wenn an anderen Stränden Elbas längst niemand mehr ins Wasser geht, badet man hier noch ungestört.

Innerhalb der letzten Jahre entwickelte sich die kleine Ansiedlung zu einem Ferienzentrum. Rote und lila Bougainvilleen überziehen die Mauern, und Oleanderbüsche findet man hier selbst am Strand.

 Alle Adressen: Ortsteil Fetovaia, 57034 Campo nell'Elba.
Galli, ☏ 05 65 98 80 35, 📠 05 65 98 80 29. ⓒ Anf. April–Mitte Okt. 200 m vom Strand, Familienbetrieb, Kinderspielplatz. Ⓢ–Ⓢ HP
Lo Scirocco, ☏ 05 65 98 80 33, 📠 05 65 98 80 67. ⓒ März–Okt. Sozusagen aus der zweiten Reihe blickt man von der Terrasse herab auf den Strand, im Grünen gelegen. Ⓢ–Ⓢ HP
Montemerlo, ☏ 05 65 98 80 51, 📠 05 65 98 80 34. ⓒ März–Okt. Schattiger Garten, 300 m vom Strand, Kinderspielplatz. Ⓢ–Ⓢ HP
Da Alma, ☏ 05 65 98 80 40, 📠 05 65 98 80 74. ⓒ März–Mitte Okt. Aussicht auf den Strand fast vor der Haustür, die Besitzerin kocht selbst. Ⓢ–Ⓢ HP

Am Strand: Vermietung von Kabinen, Liegestühlen, Tretbooten und Kajaks.

Malerisch liegt der etwas größere Badeort **Seccheto** im Halbrund vor den kahlen, im Frühjahr grün schimmernden Bergen und wartet mit seinen Granitfelsen und dem kleinen Sandstrand auf Sonnenanbeter. Romantisch fließt ein Bach ins Meer; Erholung pur.

 Alle Adressen: Ortsteil Seccheto, 57034 Campo nell'Elba.
La Stella, ☏ 05 65 98 70 13, 📠 05 65 98 72 15. ⓒ Mitte März–Mitte Okt. Am Ortsanfang, mit schöner Aussicht auf den Strand. Ⓢ–Ⓢ HP
Da Italo, ☏ 05 65 98 7012, 📠 05 65 98 72 71. ⓒ Anf. April–Sept. Nettes Hotel in einer ruhigen Nebenstraße, 100 m vom Strand. Ⓢ–Ⓢ HP
Da Fine, ☏ 05 65 98 70 17, 📠 05 65 98 72 50. ⓒ Feb.–Nov. Schöne Aussichtsterrasse, Klimaanlage, kostenlose Liegestühle u. Sonnenschirme am Strand. Ⓢ–Ⓢ HP

 Tipp In den Nebenbuchten wird auch **FKK** geduldet.

Ausflug zu Säule und Wein

Die Römer ließen die Säulen für ihre prächtigen Tempel aus dem Tal bei Seccheto kommen. Den Granitabbau nahmen die Pisaner wieder auf, und einige Säulen liegen noch im Gelände. Sie sind allerdings im dichten Gestrüpp kaum auszumachen. Man fährt zwischen der Osteria del Nonno und dem Hotel Da Fine (am Ortsanfang) die steile Asphaltstraße nach oben. Wer inmitten der Granitblöcke keine Säule sieht, sollte nicht traurig sein und bis zum Ende der Straße weiterfahren (1,9 km). Die biologisch angebauten Produkte der *Azienda Agrituristica Vallebuia* (☏ 05 65 98 70 35) lohnen den Schleichweg. Wein, Marmeladen, Olivenöl, Honig und Kosmetika stehen zur Auswahl. Gut essen und ruhige Ferien auf dem Bauernhof kann man im Tal auch verbringen:

Locanda dell'Amicizia, Ortsteil Vallebuia/Seccheto, ☏ 05 65 98 70 51, 📠 05 65 98 72 77. ◯ Dez. und Jan. geschl., Ausritte, Ponys und Zoo für Kinder, Restaurant mit Panoramaterrasse, toskanische Küche. Ⓢ HP

Nach San Piero in Campo

Der romantische kleine Ort **Cavoli** bietet einen feinen Sandstrand in einer geschützten Bucht, eine angenehm intime Atmosphäre, und eine blaue Grotte wie auf Capri gibt es auch. Die Inseln Pianosa und Montechristo liegen malerisch als Blickfang vor der Bucht.

Alle Adressen: Ortsteil Cavoli, 57034 Campo nell'Elba.

Baia Imperiale Beach, ☏ 05 65 98 70 55, 📠 05 65 98 70 20. ◯ Anf. April–Mitte Okt. Neues Hotel mit schöner Aussichtsterrasse, Tennisplatz, Windsurf- und Schwimmschule, Segeln; auch Tanzlokal. Ⓢ–ⓈⓈ HP
Conchiglia, ☏ 05 65 98 70 10, 📠 05 65 98 72 57. ◯ April–Mitte Okt. Familienhotel direkt am Strand, mit schöner Terrasse, Fischspezialitäten. Ⓢ–ⓈⓈ HP

Fetovaia besitzt einen der schönsten Sandstrände Elbas, der durch eine Landzunge geschützt ist

Pomonte liegt malerisch im Halbrund vor den Bergen

Parco Nazionale dell'Arcipelago Toscano

Nach jahrzehntelangem Streit ist er endlich da! 1996 wurde der Naturpark, der die Inseln des toskanischen Archipels und das umliegende Meer schützen soll, endlich errichtet, 1997 nahmen die Verantwortlichen ihre Arbeit auf. Es tut sich was! Ein erstes Informationsbüro in Portoferraio besteht bereits, zwei weitere arbeiten ab Sommer 2000 in Marciana Alta und Rio nell'Elba, ein viertes ist in Sant'Ilario geplant. Erste Gelder wurden freigegeben, um die Wege, die einst ganz Elba überzogen, wieder begehbar zu machen. Im Westteil der Insel rund um den Monte Capanne sind die Reinigungsarbeiten am weitesten vorangeschritten. Man hat sich vorgenommen, die Grande Traversata Elbana, die Große Elba-Durchquerung, wieder begehbar zu machen und eine Karte mit allen Wegen der Insel herauszugeben. Info-Schilder werden an den sehenswerten Stellen der Insel aufgestellt und Rastplätze eingerichtet.
Infos: Ente Parco Arcipelago Toscano, Via Guerrazzi 1, 57037 Portoferraio, ☏ 05 65 91 94 11, 📠 05 65 91 94 28. Das Infobüro, ebenda, ◯ Mo–Fr 9–13 Uhr, hält Prospektmaterial zum Park bereit.

Lorenza, ☎ 05 65 98 70 54, 📠 05 65 98 70 80, ⏱ April–Sept. Am Strand, schattige Terrasse. ⓢ–ⓢ

 Il Convio. Nette Bar direkt am Strand, in der man auch einfache Snacks bekommt. ⓢ

Am Strand: Vermietung von Kabinen, Sonnenschirmen, Liegestühlen und Tretbooten.

An der Hauptstraße biegt man hinter Cavoli an der großen Schirmpinie Richtung „Residence Le Formiche" links ab. Man folgt der asphaltierten Straße bis zum Beginn einer *strada privata.* Von hier führt der Feldweg rechts etwa 150 m zur **Nave.** Dieses unvollendete Granitobjekt hinterließen die Pisaner an dem idyllischen Flecken der Nachwelt. Offensichtlich sollte es ein Brunnen in Schiffsform werden.

Wieder zurück auf der Hauptstraße, verlässt man die steil abfallende Küste. Ein letzter Ausblick aufs Meer, und die Vegetation wird wieder üppiger.

San Piero in Campo

Einen der ruhigsten, vom Tourismus noch fast ganz verschont gebliebenen Bergort Elbas erreicht man nach vielen engen Kurven. Auf 227 m Höhe liegt idyllisch das liebenswerte San Piero in Campo, das mit der Kirche San Niccolò das bedeutendste Kunstwerk Elbas aus dem Mittelalter aufweist.

Das Auto parkt man am besten bei der Kirche außerhalb des Zentrums, das sich ohnehin nur Fußgängern erschließt – treppauf, treppab spaziert man durch die verwinkelten Gässchen, sieht hier und da ein paar alte Männer diskutieren, auf der Piazza die Kinder Fußball spielen, vor den Häusern rechts die Wäsche trocknen, und überall Blumentöpfe mit ihren farbenprächtigen Blüten und duftigen Kräutern.

Geschichte

Die strategisch günstige Lage San Pieros erkannten schon die Römer. Am Aussichtspunkt *Belvedere,* der die Ebene bis zum Meer in Marina di Campo beherrscht, errichteten sie im 1. Jh. n. Chr. dem weissagenden Meeresdämon Glauco einen Tempel.

Bereits in frühchristlicher Zeit entstand auf der heidnischen Kultstätte eine christliche Kirche. Ihr ungewöhnlicher Grundriss, zwei Schiffe mit je eigener Apsis, lässt auf byzantinische Vorbilder und eine Entstehungszeit im 7. Jh. schließen und weist so auf die Präsenz der Byzantiner auf Elba hin. Die Pisaner, denen San Niccolò sein heutiges romanisches Aussehen verdankt, befestigten den Ort. Und seinen Festungscharakter kann San Piero bis heute ebenso wenig verbergen wie der Nachbarort Sant'Ilario.

Doch gegen die Piraten Draguts konnten auch die im 15. Jh. unter den Appiani erweiterten Verteidigungsanlagen, die selbst die Kirche San Niccolò mit einbezogen, nichts bewirken: 1553 wurde San Piero weitgehend zerstört. Anfang des 18. Jhs. ließ der spanische Kommandant von Porto Azzurro, Pinel, fast auf der gesamten Insel (Capoliveri, Marciana, Rio nell'Elba, San Piero und Sant'Ilario) die Stadtmauern schleifen, nachdem österreichische Truppen 1708 in diesen Orten Unterschlupf gefunden hatten.

Wer das eigentliche Zentrum San Pieros betritt, meint immer noch, in eine Festung einzudringen.

*San Niccolò

Zu den kunsthistorisch interessantesten Sehenswürdigkeiten Elbas zählt San Niccolò (oder *Ss. Pietro e Paolo,* wie die Kirche früher hieß). Der heutige äußere Aspekt wird von den mächtigen Bastionen bestimmt, die im 15. Jh. dem Gotteshaus von den Appiani bei der Erneuerung der Befestigungsanlagen hinzugefügt wurden. Man erkennt klar, dass hierbei die ersten zwei Joche der Schiffe geopfert wurden und eine Art Vorhof entstand. An den Außenmauern sieht man noch die romanischen Lise-

ROUTE 3

nen, ein typisches Schmuckelement Pisaner Kirchen auf Elba, denen der Dom der Seerepublik als Vorbild diente.

Die drei verbliebenen Joche der beiden Schiffe trennen ein Pilaster, der in die heutige Fassade eingefügt ist, sowie zwei mächtige Granitsäulen. Aufmerksamkeit verdienen die Fabeltiere am Kapitell der zweiten Säule. Einmalig für die Insel sind die noch erhaltenen und restaurierten Fresken an der linken Wand (Kreuzigung, hl. Michael, Nikolaus, Sebastian und Georg) sowie an der rechten Wand (Gottvater zwischen zwei Engeln, Madonna) aus dem 14. und 15. Jh., möglicherweise von katalanischen oder portugiesischen Künstlern. Falls die Kirche verschlossen ist, sollte man den Pfarrer suchen.

Ein Granitobjekt besonderer Art ist der unvollendete Brunnen in Schiffsform

Bummel durch die Stadt

Mit San Niccolò im Rücken, spaziert man weiter. Ein Bogengang führt zur Piazza della Chiesa, wo die im 16. Jh. errichtete neue Kirche **Ss. Pietro e Paolo** steht. Sie übernahm von der alten Name und Funktion als Pfarrkirche des Ortes – Dragut hatte 1553 die alte Kirche (San Niccolò) nicht verschont.

Eine Ruhepause kann man in der kleinen *Bar Mago Chiò* einlegen. Zum Abschluss spaziert man noch ein wenig durch die Gässchen, betrachtet die an vielen Häusern bemerkenswerten Torbogen und bewundert noch einmal die Aussicht vom Belvedere hinter San Niccolò.

Beschauliche Gässchen laden in San Piero zum Spazieren ein

 Gemüse und Wein aus eigenem Anbau sowie selbst gefangener frischer Fisch werden im **Il Cenacolo,** Piazza Garibaldi (☎ 05 65 98 30 00) köstlich zubereitet. Ⓢ–Ⓢ

Veranstaltung: Karfreitagsprozession nach Sant'Ilario (s. S. 18).

Man kann nun nach Marina di Campo ans Meer fahren oder in Sant'Ilario Anschluss an Route 2 finden und zum Ausgangspunkt Marciana Marina zurückkehren.

Leben auf der Piazza

Route 4

Wundervolle Sandstrände und schöne Wanderungen durch die Macchia

Die Wellen rollen sanft gegen den Strand, Kinder bauen Sandburgen, Surfer kreuzen weit draußen, die Sonne scheint, das Meer ist herrlich blau – so präsentieren sich die Strände von Marina di Campo, Lacona oder Lido di Capoliveri. Den ganzen Tag unter schattigen Pinien und durch duftende Macchia gewandert, Einsamkeit, Ruhe, atemberaubende Aussichten – die Halbinsel Calamita zählt zu den schönsten Landschaften Elbas, rot leuchtet die Erde vom Eisen, das blaue Meer ist stets gegenwärtig, Farbenpracht für die Sinne. Am Abend kehrt man heim auf die Piazza in Capoliveri, mitten ins Leben.

Marina di Campo

Jubel, Trubel, Heiterkeit: Marina di Campo zählt zu den beliebtesten Ferienorten Elbas. Der 2 km lange Sandstrand trug zur rasanten Entwicklung ebenso bei wie die hervorragende touristische Infrastruktur. Nur eines wird man hier vergeblich suchen: Ruhe und Einsamkeit. Hauptflaniermeile ist die parallel zur Hafenpromenade verlaufende Geschäftsstraße Via Roma sowie das kleine, trotz der vielen Besucher noch recht sympathische Fischerviertel am südwestlichen Hafenende.

Geschichte

In vorgeschichtlicher Zeit, vor circa 30 000 Jahren, siedelten bereits Menschen an dieser Bucht, wie archäologische Funde bestätigen. Für sehr lange Zeit wollte dann niemand mehr an diesem Strand leben. Selbst der Bau des 25 m hohen Wachturms durch die Pisaner im 12. Jh. konnte die Angst vor den Piraten nicht vertreiben. Marina di Campo entwickelte sich genau wie Marciana Marina erst nach dem Ende der Seeräubergefahr in der frühen Neuzeit. Und wie in Marciana Marina fanden auch hier die Menschen ihr Auskommen im Fischfang. Die Flotte Marina di Campos kann man morgens und abends in den Hafen einlaufen sehen. Bereits zu Beginn des 20. Jahrhunderts kam als Wirtschaftsfaktor zur Fischerei der Tourismus hinzu. Reiche Italiener entdeckten Marina als ideale Sommerfrische und bauten sich prächtige Villen. Hinter hohen Mauern und grünen Hecken kann man sie noch entlang der Hafenpromenade sehen.

Alle Adressen: 57034 Marina di Campo.

 Infobüro dell'APT, Piazza dei Granatieri, ☎ 📠 05 65 97 79 69, ◐ 1. Mai bis 30. Sept.

Il Viottolo, c/o Margherita Viaggi, Via Puccini 3, ☎ 📠 05 65 97 80 04, organisiert Ausflüge in die Natur zu Fuß, per Kajak oder Mountainbike, z. B. auf Feldwegen (ital. *viottolo*).

 Select, Via Mascagni, ☎ 05 65 97 77 02, 📠 05 65 97 65 03. ◐ Mitte April–Mitte Okt. Am Strand, moderner Bau, Garten, Swimmingpool. ⑤⟩ HP
Montecristo, Lung. Nomellini 11, ☎ 05 65 97 68 61, 📠 05 65 97 65 97. ◐ April–Okt. Direkt am Sandstrand gelegen, mit eigenem Swimmingpool, auch Apartments. ⑤⟩
Villa Nettuno, Viale degli Etruschi 38, ☎ 05 65 97 60 28, 📠 05 65 97 62 28. ◐ Mai–Sept. In sehr schönem Pinienhain direkt vor dem Strand. ⑤⟩ HP
Puntoverdehotel, Viale degli Etruschi 23, ☎ 05 65 97 74 82, 📠 05 65 97 74 86. ◐ Anf. April–Mitte Okt. Im Zentrum von Marina di Campo, organisiert Babysitter. ⑤⟩–⑤⑤⟩
Barcarola 2, Via Mascagni 38, ☎ 05 65 97 62 55, 📠 05 65 97 77 47. ◐ Ende Mai–Ende Sept. 100 m vom

ROUTE 4

Strand gelegen, vom Besitzer geführt, mit gepflegtem Garten. Ⓢ–Ⓢ⟫
Meridiana, Viale degli Etruschi 67, ☎ 05 65 97 63 08, 📠 05 65 97 71 91. ◐ April–Mitte Okt. In schönem Pinienhain, mit Garten, ruhig. Ⓢ–Ⓢ⟫

⚠ Drei Plätze im Pinienhain am östlichen Ortsrand, Ortsteil La Foce; Windsurf-, Segel- und Tauchschule vor Ort:
Del Mare, ☎ 05 65 97 62 37, 📠 05 65 97 78 50. ◐ Ende März–Ende Okt. Schattiger Platz, auch für Behinderte, Boots-, Windsurf-, Fahrradverleih.
La Foce, ☎ 05 65 97 64 56, 📠 05 65 97 73 85. ◐ einziger ganzjährig geöffneter Platz Elbas, schattig.
Ville degli Ulivi, ☎ 📠 05 65 97 60 48. ◐ April–Mitte Okt. 100 m vom Meer gelegener sehr großer Platz mit 50 000 m².

Aragosta, Piazza Cavour, ☎ 05 65 97 71 31. Im alten Viertel gelegenes, sehr gutes Fischrestaurant, unbedingt den Cacciucco probieren. Ⓢ⟫
La Triglia, Via Roma 58, ☎ 05 65 97 60 59, *triglia* bedeutet *Barbe*, ein Hinweis, dass es hier ausgezeichnete Fischgerichte gibt. Ⓢ
La Lucciola, Via degli Eroi 2, ☎ 05 65 97 63 95. Eine schöne Strandbar direkt am Meer, in der man auch sehr gut essen kann. Ⓢ

Tipp Der **Forno Bertelli,** Via Roma 11, zählt zu den beliebtesten Bäckereien Elbas – für zwischendurch findet man immer etwas Verlockendes. Er führt auch die *schiaccia briacca* von Muti & Lupi, die als beste der Insel gilt.

In der Via Roma reiht sich so wie im Fischerviertel ein Geschäft ans andere. Schicke Boutiquen wechseln mit Geschäften für Sportartikel und Strandutensilien. „Bienenprodukte" wie Honig, Kosmetika oder auch natürliche Mückenschutzmittel erhält man in dem kleinen Laden Ecke Via Donizetti/Piazza dei Granatieri (Parkplatz). Jeden Mittwoch findet hier ein bunter Markt statt.

Marina di Campo bietet alles, was man von einem Urlaubsort erwartet

Die Ausbeute einer Fischfahrt

Auch der weitläufige Strand von Marina lässt keine Wünsche offen

ROUTE 4

 Die größte Disco der Insel, **MaMa** (Ortsteil Zuffale, Via Provinciale), wartet jeden Abend mit spezieller Musik und Programm auf: z. B. montags Cocktail Night, dienstags House.

Aquarium M 2

Muränen, Rochen oder dem bizarren Drachenkopf – mehr als 150 Meerestieren kann man in dem Aquarium hinter Glas begegnen. Krebse, Hummer und Krabben, die man sonst meist auf dem Teller zu Gesicht bekommt, kann man hier im Wasser beobachten – nicht nur für Kinder eine lohnenswerte Abwechslung vom Strand! Das ausführliche Merkblatt, das den Besucher durchs Aquarium führt, gibt es auch in deutscher Sprache. Inzwischen wurde dem Aquarium ein Museum angeschlossen, das etwa 170 Säugetiere und Vögel der Insel ausgestopft präsentiert. Man verlässt Marina di Campo Richtung Lacona und sieht schon von weitem die moderne Anlage rechts am Hang. ◷ Mitte März-Nov. tgl. 9–19 Uhr; Juni–Sept. 9–23.30 Uhr; ☏ 05 65 97 78 85.

Veranstaltung: 7. August – Fest des Stadtheiligen San Gaetano.

Tipp Die jahrzehntelang als Gefängnis genutzte **Insel Pianosa**, ein einzigartiger Naturgarten, kann im Rahmen von Führungen besucht werden. Abfahrt ab Marina di Campo, Anmeldung in den Reisebüros Elbas.

Lacona

Durch dichte Macchia fährt man in vielen Kurven hinauf Richtung Lacona, und auf der anderen Seite in vielen Kurven wieder hinunter. Der wunderschöne lange *Sandstrand, eingerahmt von macchiabewachsenen Hügeln und mächtigen Schirmpinien, die bis an den Strand heranreichen – das ist Lacona. Eine Ansammlung von Restaurants, Hotels und Campingplätzen gruppiert sich hier zwanglos in der zweiten Reihe, bildet die nötige Infrastruktur. Eigenleben konnte sich noch keines entwickeln. Im Winter hat man das Gebiet, einschließlich Strand, für sich alleine.

Im Sommer wird hier alles angeboten, was man sich vorstellen kann. Der neueste Schrei ist ein Oberflächen-U-Boot. Baden, sich sonnen, einen Drink in der Bar – der Urlaub vergeht wie im Fluge, aber nächstes Jahr sieht man sich wieder. Irgendetwas zieht die Menschen jedes Jahr wieder magisch an ihren elbanischen Traumstrand.

Nur wenige hundert Meter ins Landesinnere hinein, scheint sich eine völlig andere Welt zu eröffnen. Die kleine Straße, die die Ebene Laconas von den Hügeln durchquert und parallel zur Hauptstraße läuft, führt mitten hinein ins Hügelland. Weingärten, Olivenhaine, Schirmpinien und Gemüsegärten lassen an das Chianti-Gebiet denken. Agaven verleihen der Landschaft ein südliches Flair, gerade im Mittelteil Elbas sollte man einfach ein Strässchen ausprobieren, das wenig besuchte Elba entdecken. Bauern verkaufen hier auch gern ihre frischen Waren direkt!

Tipp **Lacona Park,** ein Kinderparadies, wo man herrlich herumtollen kann; Minigolfplätze, Kicker, Bocciabahn u. a., Zugang zum Strand. ◷ 17–1 Uhr.

Alle Adressen: Ortsteil Lacona, 57031 Capoliveri.

 Adresse des Informationsbüros unter 57031 Capoliveri; (s. S. 71).

 Hotel Lacona, ☏ 05 65 96 41 90, 📠 05 65 96 41 89. ◷ Ende April–Mitte Okt. Wunderschön ruhig gelegen, 150 m vom Meer, Tennisplatz, Swimmingpool. ⓢ–ⓢⓢ HP
Capo Sud, ☏ 05 65 96 40 21, 📠 05 65 96 42 63. ◷ Anf. Mai–Sept.

ROUTE 4

Über einen Hügel sind die einzelnen Häuser des Hotels in völliger Abgeschiedenheit verstreut, man badet nicht mehr in Lacona, sondern in der nächsten Bucht, am Kieselstrand von Margiodore. $-$$ HP
Capo di Stella, ☎ 05 65 96 40 52, 📠 05 65 96 42 20. ⏱ Ende April–Anf. Okt. Herrlich ruhig gelegen am Strand von Margiodore, Swimmingpool; von hier erreicht man zu Fuß kleine einsame Buchten. $–$$ HP
Giardino, ☎ 05 65 96 40 59, 📠 05 65 96 43 63. ⏱ Mai–Sept. Ruhig gelegenes, familiäres Hotel, 100 m vom Meer entfernt, fühlt man sich in toskanischer Hügellandschaft. $–$ HP

⚠ **Stella Mare,** ☎📠 05 65 96 40 07. ⏱ April–Mitte Okt. Schöner schattiger Platz, der die ganze kleine Halbinsel im Süden von Lacona einnimmt, FKK-Strand, Kinderspielplatz.
Valle Santa Maria, ☎ 05 65 96 41 88, 📠 05 65 96 43 55 (im Winter ☎ 05 65 96 41 01). ⏱ Ostern–Okt. Direkt am Meer, schöner schattiger Platz, Tennisplatz; auch für Behinderte geeignet.
Tallinucci, ☎ 05 65 96 40 69, 📠 05 65 96 43 33. ⏱ von Ostern bis Okt. Direkt am Meer, schattige Lage, Tennisplatz.
Laconella, ☎ 05 65 96 42 28, 📠 05 65 96 40 80 (im Winter ☎ 05 65 96 41 43). ⏱ Mitte März–Okt. Am kleinen Hügel zwischen den Buchten Lacona und Laconella gelegen, idyllisch, und ruhig, fast ein Privatstrand hinter der Punta della Contessa; Kinderspielplatz; von der Terrasse der Pizzeria herrliche Aussicht auf den Golf von Lacona.

Da Ledo, ☎ 05 65 96 40 73. Bar am Ende der Stichstraße mit Billard, Flipper, Videospielen. Gleichnamiges Restaurant daneben mit sehr guten Pizzen und Fischgerichten auf der Terrasse. $
Il Cavallinio Rosso by Elbolanda, ☎ 05 65 96 41 50. Pizzeria und gutes Restaurant, man sitzt gemütlich im Freien unter einer Pergola und

Alles was man für den Strand braucht

Ruhe und Entspannung findet man am Golf von Stella

Mit dem Boot die Küste entlang – ein schönes Erlebnis

ROUTE 4

schwingt vielleicht das Tanzbein – im Sommer Livemusik am Abend. Ⓢ
Für den kleinen Hunger zwischendurch bietet die Rosticceria **Il Capriccio,** ☎ 96 41 04, hinter der Bar „Da Ledo", eine reichhaltige und wohlschmeckende Auswahl an Gerichten wie Pizza, Muscheln, Kaninchen, Lasagne, Hähnchen. Ⓢ

 Vielleicht eine Keramikmadonna für zu Hause? **Il Coccio,** gegenüber der Pizzeria Elbolanda führt eine reiche Auswahl an toskanischer Töpferware.

Veranstaltung: Jeweils am Sonntagvormittag und Donnerstagabend Straßenmarkt in Lacona.

Am Strand: Vermietung von Sonnenschirmen, Liegestühlen, Kajaks, Surfbrettern, Tret- u. Ruderbooten, Wasserski; Segel-, Surf-, Kajakschule.

Tauchschule: **Professional Diving Center in Margidore,** ☎ 05 65 96 41 75. ◐ Ostern–Sept., auch Flaschenfüllung.

Richtung Capoliveri

Wieder einmal überrascht die Strecke mit herrlichen Ausblicken, die teilweise steil ins Meer abfallenden Landzungen und Felsvorsprünge umspült die weiße Gischt der Brandung.

Man lässt den Strand von *Norsi* zurück und fährt nun durchs Landesinnere. An der Hauptstraße Portoferraio–Porto Azzurro biegt man rechts ab, um etwas später den Stichweg zum **Lido di Capoliveri** abzufahren. Ein breiter weißer

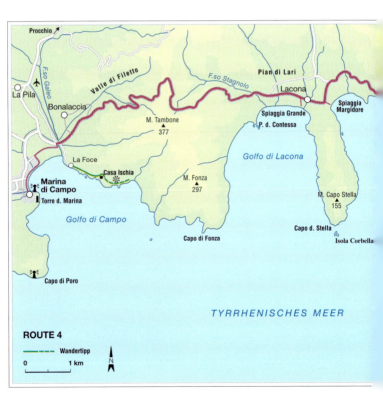

Sandstrand und eine sehr gute Pizzeria laden Besucher ein, einige Tage mit Sonne und Spaß dort zu verbringen.

 △ **Le Calanchiole,** Ortsteil Calanchiole, 57031 Capoliveri, ☎ 05 65 93 34 88 (im Winter ☎ 05 65 94 02 52), 📠 05 65 94 00 01. ⊙ Ostern–Mitte Okt. Schattiger Platz am Meer, Spielplatz, Supermarkt, Pizzeria etc.

 Baia del Sole, ☎ 05 65 94 00 72, Bar, Pizzeria, Restaurant am Meer; der Holzkohlenofen steht im gemütlich eingerichteten Speisesaal; im Sommer große Terrasse; empfehlenswert die *Pizza Vegetariana* mit viel Gemüse. $

Lust auf eine Brotzeit? Die Produkte der Azienda Agricola „Sapere" reichen

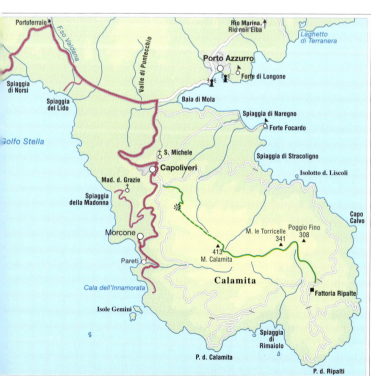

von ausgezeichnetem Honig bis hin zu den Weinen aus eigenem Anbau. Kleines landwirtschaftliches Museum. Apartments, Swimmingpool und Reitstall für Ferien auf dem Bauernhof (Zufahrt nach der ersten Tankstelle; Ortsteil Mola, 57036 Porto Azzurro, ☏ 0 56 59 50 33, 📠 0 56 59 50 64).

*Capoliveri

Am Rande der fruchtbaren Ebene von Mola schlängelt sich die Straße hinauf nach Capoliveri (2750 Einw.). Dominant erhebt sich der kleine Ort auf 167 m über der Ebene. Das reizvolle Städtchen zeichnet sich durch sein geschlossenes Stadtbild, nette Lokale und Geschäfte aus. Durch die zahlreichen Deutschen, die Capoliveri in den 70er Jahren entdeckten und es zu ihrem Zweitwohnsitz wählten, wurde die alte Bausubstanz vor dem endgültigen Verfall bewahrt. So wird Capoliveri im Gegensatz zu den meisten anderen Bergdörfern Elbas nicht nur von alten Menschen bewohnt, sondern ist mit seinen Arbeitsmöglichkeiten auch für junge Elbaner attraktiv geblieben. Einst abgeschlossen, zählt Capoliveri heute zu den „internationalsten" Orten Elbas.

Geschichte

Die Langobarden hinterließen in der Umgebung einige der wenigen Zeugnisse ihrer Präsenz auf Elba: die Ortsbezeichnung *gualdus* (Wald) und ihren Lieblingsheiligen Michael, der bei der Namensgebung für die heutige Friedhofskirche Pate stand. Die Pisaner errichteten die *Chiesa San Michele* in der 1. Hälfte des 12. Jhs. neu. San Michele ist damit das älteste noch erhaltene Beispiel Pisaner Romanik auf Elba.

Den Pisanern verdankte Capoliveri auch seine Befestigungsanlagen. Doch dem Angriff Cheir ed-dins 1544 konnten die Mauern Capoliveris nicht standhalten. Das Städtchen wurde geplündert und gebrandschatzt, da sich Jacopo V. geweigert hatte, den Sohn des Türken Sinan Pascha und einer Christin an Cheir ed-din herauszugeben. Nach der Katastrophe von Capoliveri gab der Appiani den Jungen schleunigst zurück – woraufhin der gefürchtete Barbarossa mit seinen Truppen tatsächlich abzog.

Freiheitsgipfel

Unter den Römern wurde Capoliveri als *Caput liberum* („Freiheitsgipfel") gegründet – der Freiheitswille wurde zum Markenzeichen der Bewohner. In der Antike gingen Gesetzesbrecher straffrei aus, die es bis auf diesen Gipfel schafften – eine Art Asylpraxis, wie sie auch in mittelalterlichen Kirchen galt.

Seine Stadtmauern verlor Capoliveri erst im 18. Jh., der spanische Kommandant von Porto Azzurro, Pinel, ließ sie schleifen: 1708 hatten österreichische Truppen, die versuchten, die Spanier aus Elba zu vertreiben, hinter den Mauern Capoliveris Schutz gefunden. Dies sollte nicht ein zweites Mal geschehen. Selbst gegen Napoleon revoltierten die Bewohner (s. S. 14).

Spaziergang durch Capoliveri

Nicht ein einzelnes Gebäude, sondern das geschlossene Ensemble von Häusern und Piazza ist die Hauptsehenswürdigkeit Capoliveris. Die Lebendigkeit und Lebensfreude des Ortes verkörpert die Piazza. Die Bars mit ihren Tischchen im Freien sind stets gut besucht, die alten Männer auf den Bänken diskutieren. Die jungen Leute versammeln sich am Mäuerchen des Platzrandes, dem aussichtsreichsten Punkt auf rote Dächer, grüne Weinberge drum herum und das Meer. Man spaziert von der Piazza die Bummelmeile Via Roma entlang bis zu einem weiteren hübschen Aussichtspunkt.

Verlässt man die Stadt Richtung Golf von Mola, kann man die Reste der romanischen Kirche **San Michele** be-

ROUTE 4

trachten. Seitdem sie Anfang des 19. Jhs. zur Friedhofskirche umgebaut wurde, bestehen diese Reste der einst prächtigsten Kirche der Romanik Elbas leider praktisch nur noch aus der schönen Apsis. Man erkennt noch gut die typischen Blendarkaden, die abwechselnd auf Lisenen und Konsolen ruhen.

Veranstaltungen: Karfreitagsprozession mit Kreuzigung auf der Piazza.

So vor Pfingsten – Festa del Cavatore: Fest zu Ehren der Bergleute.

Ende Mai/Anf. Juni – Elba e Vini di Toscana: Elbanische Weinprobe mit Aleatico und Moscato, Stände mit gastronomischen Leckerbissen.

14. Juli – Festa dell'Innamorata: In der kleinen Bucht an der Westküste der Halbinsel Calamita findet ein Fest mit Lichterprozession auf dem Meer statt, das an die traurige Legende erinnert, die der Bucht ihren Namen *Verliebte* gab: Lorenzo, der Geliebte Marias, wurde von Piraten gefangen genommen. Bei dem Versuch Marias, ihn zu befreien, stürzte sie ins Meer und ertrank. Einzig ihr blauer Schal wurde nach vier Tagen ans Ufer gespült. Während des Festes wird diese Geschichte bis zum Sturz der Geliebten ins Wasser nachgespielt.

Juli–August: Konzerte auf der Piazza, meistens Jazz.

Letzter So im Sept. – Festa dell'Uva: Weinfest in Kostümen der 50er Jahre.

Alle Adressen: 57031 Capoliveri.

 Agenzia T. Della Lucia, Via Mellini 9, ☎ 05 65 93 51 17, 📠 05 65 93 51 84, reiche Auswahl an Apartments im Gemeindegebiet von Capoliveri, zu dem die Buchten von Lacona, Morcone, Pareti, Innamorata und Naregno zählen.

 Summertime, Via Roma 56, ☎ 05 65 93 51 80, intimes Lokal, im Sommer sitzt man direkt auf der Via Roma, unbedingt eines der Fischgerichte versuchen! 💲

Das Bergdorf Capoliveri aus der Ebene betrachtet

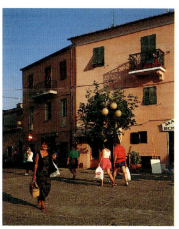
Die Piazza ist das Zentrum von Capoliveri

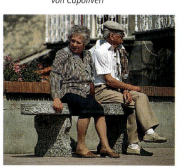
Einmal auf der Piazza kurz innehalten

Polyglott **71**

ROUTE 4

Il Rostro, Via Circonvallazione 65, ☏ 05 65 96 80 92, sehr gute Meeresgerichte und Gegrilltes. ⓢ–ⓢⓢ

Cico Cico, für den kleinen Hunger sollte man die Piadine, flache Brötchen, die eigentlich typisch für die Emilia-Romagna sind, probieren, z. B. mit Käse und Rucola, Via Roma 20.

Zapata, Via Roma 17, der Ledergeruch steigt sofort in die Nase, wenn man den Laden betritt, um eine der schönen handgemachten Taschen näher zu betrachten.

Gabbia-no, Via Roma 63, ausgefallene Spiegel und Kunst in Metall.

Aurora Souvenirs, Via Roma 4, hier kann man Ketten aus seltenem Mineral erstehen.

Tipp Jeden Donnerstag ist Markt. An Sommerabenden reihen sich die Stände von Schmuckverkäufern und Kunsthandwerkern die Via Roma entlang.

Sugar Reef, wohl die beste Livemusikbühne auf Elba, tolle Panoramalage über dem Meer, Richtung Morcone, Ortsteil La Trappola.

Fandango, winzige Bar in Capoliveri unterhalb der Piazza, im Sommer stehen sowieso alle vor der Tür.

Peter, Via Cavour, ein deutsches Bierlokal, in dem die Italiener spätabends noch gern vorbeischauen.

Ophir, neue Disko mit super Panorama, Ortsteil la Trappola.

Morumbi, riesige Disco mit brasilianischen Speisen und lateinamerikanischen Klängen, an der Kreuzung in La Mola (nur im Hochsommer geöffnet).

Tipp An der Ecke Piazza Garibaldi/Via Mellini hält die **Bank Monte dei Paschi** einen Wechselautomaten für Bargeld bereit.

Die Halbinsel Calamita

Die wundervolle Aussicht bei dieser Fahrt bis zur **Fattoria Ripalte** belohnt für die mühselige Schotterpiste. Im Frühjahr überwiegt gelber Ginster bei weitem in der grünen Macchia. Immer wieder wartet ein neuer Ausblick, bis die Fattoria auftaucht. Man sollte einem der vielen Wege folgen und die Natur in vollen Zügen genießen.

Fattoria Ripalte, Ortsteil Costa dei Gabbiani, ☏ 05 65 93 51 22, 📠 05 65 93 52 33. Apartmentsiedlung im Grünen, Urlaub abseits vom Trubel, reiten, wandern, schwimmen. Insgesamt 450 ha umfasst die Anlage mit einsamen Buchten, Felsen und Pinienwäldern. Im stilvollen Restaurant speist man hervorragend. ⓢ–ⓢⓢ

Parallel zur Schotterpiste führt eine asphaltierte Straße am Hügel die Küste entlang zu kleinen Badebuchten. Herrliches Wasser, Sonnenschirme, Surfbretter, Tauchschulen, kleine Bars und Apartments in der Macchia: Abseits der Hauptstrände kann man auch in *Morcone, Pareti* oder *Innamorata* einen erholsamen, sportlichen Urlaub verbringen. Die vielen Apartmentsiedlungen bieten Familien preisgünstigere Ferien.

Man verlässt Capoliveri Richtung Morcone und zweigt dann ab zur **Wallfahrtskirche Madonna delle Grazie** im gleichnamigen Ortsteil. Inmitten einer ländlichen Idylle wurde die Kirche im 16. Jh. für ein Marienbild errichtet, das türkische Piraten geraubt und anschließend auf offenem Meer über Bord geworfen hatten. Auf wunderbare Weise blieb es vom Salzwasser unzerstört. Die Fischer, die es fanden, kenterten in dieser Bucht – ein Fingerzeig Gottes, dass hier die neue Kirche entstehen sollte. Oleander rahmen das Plätzchen ein, die kleine Kuppel und der nette Turm, das schöne Barockportal und Tuffgestein bieten fürs Auge eine angenehme Abwechslung.

Villa Le Grazie Est, Ortsteil Madonna delle Grazie, 57031 Capoliveri, ☏ 05 65 93 91 29, 📠 05 65 93 51 61. ⓒ ganzjährig. Apartmentanlage im Pinienhain am Hang mit gepflegtem Garten. ⓢⓢ

Die Dorfkirche von Capoliveri

ROUTE 4

Mediterrane Landschaft begleitet die weitere Fahrt am Hügel entlang bis zum Strand von **Morcone**. Geschützt liegt die Bucht umrahmt von Pinien im Hintergrund, das bunte Treiben am Meer scheint nicht zur Idylle zu passen.

Alle Adressen: Ortsteil Morcone, 57031 Capoliveri.

La Scogliera,
☎ 05 65 96 84 24,
📠 05 65 93 52 04. ◐ Mitte Mai–Sept. In hübscher Lage schmiegt sich das Haus an den Hang. $–$
Drago Residence, ☎ 05 65 96 84 29, 📠 05 65 96 89 42. ◐ Ende März–Ende Okt. Eine herrliche Bougainvillea deckt das Apartmenthaus am Strand fast zu, Pinien rundherum. $–$
⚠ **Croce del Sud**, ☎ und 05 65 96 86 40 (im Winter ☎ 05 65 91 62 47). ◐ April–Mitte Okt. 200 m vom Meer, schattig, auch Bungalows.

Drago, ☎ 05 65 96 86 36, von der Strandterrasse des Restaurants herrliche Aussicht über die Bucht. $–$
Albatros, ☎ 05 65 96 87 30, in dem Strandrestaurant genießt man Münchner Bier zu den Pizzen. $–$

Ein hübscher kleiner Sandstrand wartet in der nächsten Bucht, in **Pareti**. Die hohen Pinien und die Felsen an den Buchträndern unterstreichen die einladende mediterrane Atmosphäre.

Stella Maris, Ortsteil Pareti,
☎ 05 65 96 84 25,
📠 05 65 96 80 10. ◐ April–Okt. In toller Lage direkt am Meer ist das Haus ideal für Erholung Suchende. $–$$ HP. Günstiger Imbiss unter Palmen daneben ($).

An die Eisentradition Calamitas erinnert die letzte Badebucht, **Innamorata**. Die grüne Macchia konnte die verrosteten Anlagen noch nicht wieder ganz überwuchern. Zum Greifen nahe setzen die Zwillingsinselchen den malerischen Akzent, nur wenige Häuser ziehen sich den Hügel hinauf.

Villaggio Turistico Innamorata, Ortsteil Innamorata,
☎ 05 65 93 91 04,
📠 05 65 93 90 94. ◐ Ende März–Ende Okt. Sehr schön in die Natur eingepasste Apartmentanlage. $

Wanderungen auf der Halbinsel Calamita

In circa 1¼ Stunden erreicht man von Capoliveri aus die Radioantenne auf dem höchsten Punkt der Halbinsel, dem **Monte Calamita** (413 m). Auf dem Spaziergang genießt man nach allen Seiten einen uneingeschränkten Blick auf die Insel. In Capoliveri folgt man am Platz vor dem Rathaus *(municipio)* bergauf der Via Gustav Blankenagel (Hinweisschild). Der Feldweg wird zeitweise zur Schotterpiste. Erst bei der Antenne wartet ein erfrischender Kiefernwald. Im offenen Meer erkennt man die Inseln Pianosa (flach) und Montecristo (Bergkegel).

Eine größere Halbtagestour führt um die ganze Halbinsel Calamita. Entweder man bleibt auf der auch von Autos stark befahrenen Schotterpiste, oder man braucht viel Orientierungssinn.

Die Wanderwege sind schlecht gekennzeichnet, und die alten Minenstraßen verlaufen kreuz und quer durch den Wald! Man kann leicht vom rechten Weg abkommen. Ohne große Höhenunterschiede zu überwinden, durchquert man hohe Kiefernwälder, zum Meer hin gerade im Frühjahr in allen Farben blühende Macchiagewächse. Überall schimmert die rote Erde unter der grünen Decke durch. Friedlich und idyllisch wirken die stillgelegten Minen. Ziel der Wanderung ist die **Fattoria Ripalte**, wo man sich bei herzhaften Salami- und Käsepanini für den Rückweg stärken kann.

 Im Gegensatz zu den Wanderwegen sehr gut ausgeschildert ist der Rundweg für **Mountainbike-Touren**, der ebenfalls in Capoliveri beginnt.

Route 5

Die Eisenregion

An einem heißen Sommerabend kommt man sich am Hafen von Porto Azzurro vor wie auf dem Marienplatz in München an einem geschäftigen Samstag – in dem kleinen Bergort Rio nell'Elba findet man degegen noch wohltuende Stille. Jeder kann auf dieser Route seine ganz eigene Welt finden ... auch eine, die seit mehr als 2000 Jahren die Spuren des Erzbergbaus aufweist. Glitzernde Strände und fast unberührte Macchia kennzeichnen diese Eisenregion mit der roten Erde und verrostenden Verladestationen stillgelegter Minen.

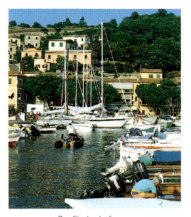

Der Fischerhafen von Porto Azzurro

Richtung Porto Azzurro

Von Capoliveri geht es hinunter in die Ebene von *Mola*. Hier wird jede Fläche für die Landwirtschaft genutzt. Wein und Gemüse kann man direkt beim Erzeuger erwerben.

Etwa 100 m bevor man die Hauptstraße erreicht, fährt man rechts an der Bucht von Mola entlang nach **Naregno.** In dem kleinen Ferienzentrum mit Tauchschule, Surfbrettverleih, Hotels und Apartments lockt der Sandstrand. Segler und Surfer finden ruhiges Wasser in dieser geschützten Bucht.

Ein wunderschöner 10-minütiger Spaziergang durch Schirmpinien zwischen Ginster und Kräutern führt zum **Forte Focardo** (Militärbesitz, daher unzugänglich). Der Pfad beginnt am Strandende an den drei Stufen. Von dem Forte aus öffnet sich der schönste Blick auf Porto Azzurro mit seiner Festung Longone. Man überblickt die ganze Bucht, fast senkrecht stürzen die Felsen rund um die kleine Halbinsel ins Meer. Der Forte wurde zwischen 1678 und 1680

Die Altstadt mit ihren Geschäften lädt zum Flanieren ein

Abendessen „al fresco" garantiert Urlaubsstimmung

ROUTE 5

errichtet, um zusammen mit Longone den Zugang zur Bucht zu schützen und Angreifer ins Kreuzfeuer nehmen zu können. 1646 eroberten die Franzosen Longone, und erst 1650 konnten die Spanier sie wieder vertreiben. Dies zeigt, dass ihre Besitzungen auf Elba einen besseren Schutz dringend benötigten. Die Insel war für die Spanier strategisch wichtig, da sie die Verbindungslinien zwischen den spanischen Territorien Italiens – Süditalien, Stato dei Presidi (Monte Argentario, im Süden der Toskana), Sardinien und die Lombardei – mit sicherte. Der Vizekönig von Neapel, Don Fernando Gioacchino Foscardo, beauftragte den Ingenieur des Stato dei Presidi, Alejandro Piston, mit dem Bau der Festung. Sein Name *Foscardo* blieb als *Focardo* am Forte der Nachwelt erhalten.

Alle Adressen: 57031 Capoliveri, Ortsteil Naregno.

Frank's, ☎ 05 65 96 81 44, 📠 05 65 96 84 05. ⏱ Anf. Mai-Ende Sept. Das Hotel vermietet auch Apartments, am Abend Livemusik. $)–$) HP

Le Acacie, ☎ 05 65 96 61 11, 📠 05 65 96 70 62. ⏱ Anf. Mai bis Anf. Okt. Apartments und Zimmer, breit gefächerte Club-Animation, Piano-Bar am Abend, auch Mini-Club für Kinder. $) HP

Segelschule und Surfbrettvermietung: **Centro Velico Naregno**, ☎ 05 65 96 87 64.

Porto Azzurro

An der Bucht von Mola entlang fährt man zurück zur Hauptstraße Portoferraio–Porto Azzurro. Ein, zwei Kurven am Meer entlang und die Postkartenkulisse liegt einem zu Füßen. Nicht eine bestimmte Sehenswürdigkeit, sondern das Ensemble insgesamt macht den Charme des kleinen Fischerhafens Porto Azzurro (3250 Einw.) aus. Die Boote dümpeln an der Mole, die Altstadt lädt zum Bummeln ein. Kleine Straßen, Treppenstufen führen nach oben, überall leuchten die Geranien.

Immer was los

Die große **Piazza Giacomo Matteotti** direkt am Hafen bildet den Mittelpunkt des Alltagslebens. In den Cafés, Eisdielen und Restaurants, die sie auf drei Seiten umgeben, sitzt man in der ersten Reihe, um zu sehen und gesehen zu werden. Im Hochsommer herrscht bis spätnachts eine fröhliche Atmosphäre.

Boutiquen, Souvenir- und Mineralienläden bieten ihre Waren an der Meerespromenade, in der parallel dazu liegenden Straße (Via D'Alacon) sowie in den kleineren Gässchen der hinteren Altstadt an. An Cafés, Bars, Restaurants herrscht nirgends Mangel.

Geschichte der Festung Longone

Fast wäre aus der touristischen Entwicklung von Porto Azzurro nichts geworden. Seit 1858 sitzen nämlich in der oberhalb der Stadt gelegenen Festung Longone Italiens schwere Jungs ein. *Nach Porto Longone in Urlaub fahren,* war eine zweideutige Sache. Erst eine Namensänderung nach dem Zweiten Weltkrieg in *Porto Azzurro* (Blauer Hafen) beseitigte dieses Problem.

1603 erbauten die Spanier die mächtige Festung Longone auf dem 70 m über dem Meer liegenden Felsen an dem langen *(lungo – longone)* Hafen. Mit 400 m Länge, einem fünfeckigen Stern als Grundriss und mächtigen Bastionen sollte Longone Spaniens Anspruch auf diesen Teil der Insel unterstreichen. Im 16. Jh. begnügten sich die Spanier noch mit kleineren Besatzungstruppen, aber nach dem Tod des letzten legitimen Appiani fürchteten sie eine zunehmende Machtkonzentration in den Händen der Großherzöge der Toskana (die ja schon Portoferraio besaßen) oder beim deutschen Kaiser, dem Elba

ROUTE 5

als Reichslehen nominell unterstand. Deshalb war in nur zwei Jahren Longone fertig. Über 3000 Mann Besatzung legten sie in die Festung, eine Kolonie, die das Leben des Ortes beherrschte, spanische und neapolitanische Offiziere und Bürokraten gaben den Ton an. Die Bevölkerung fand Arbeit in der Versorgung der Truppen.

Die Wiedervereinigung des spanischen Territoriums mit dem Rest der Insel im Jahre 1802 brachte für Porto Azzurro den wirtschaftlichen Niedergang und ließ es in der Bedeutungslosigkeit versinken. Auch die Einrichtung des Gefängnisses in Longone änderte daran nichts. Erst der Touristenboom nach dem Zweiten Weltkrieg ließ das Städtchen neu erblühen.

Selbstverständlich kann Longone nicht besichtigt werden. Aber auch die äußeren Bastionen vor dem eigentlichen Eingang bieten einen wunderschönen Blick hinunter auf Hafen und Stadt.

Tipp Nicht nur Kinder vergnügen sich in **Piccola Miniera,** der 250 m langen, naturgetreuen Kopie eines Bergwerksstollens mit originaler Ausstattung an der Straße nach Rio Marina. Die Mineraliensammlung verdient einen Besuch, und wer will, kann im Laden darüber auch einige schöne (Schmuck-)Stücke erwerben.

🕐 Tgl. 9–13, 14.30–24 Uhr, in der Vorsaison nur bis 19 Uhr, im Winter nach Anmeldung, Infos: ☎ 0 56 59 53 50.

Ein Erlebnispark für Kinder liegt nur knapp 1 km außerhalb von Porto Azzurro an der Straße nach Rio Marina. Die nette Anlage des **Parco Giochi Amadeus** erfreut die ganz Kleinen mit Wasserskootern, Kinderjeeps, größere „Kinder" mit Minigolf und Billard sowie Livemusik am Abend.

Alle Adressen: 57036 Porto Azzurro.

Reisebüro **Mantica,**
Piazza Matteotti 13 (am Hauptplatz), ☎ 0 56 59 53 51, 📠 0 56 59 54 43.

Ein kleiner Plausch so zwischendurch

Fauna und Flora in einer Gasse von Porto Azzurro

In der Umgebung von Porto Azzurro wird Wein angebaut

ROUTE 5

Due Torri, Via XXV Aprile 3, ☎ 0 56 59 51 32, 📠 05 65 95 77 97.
⏱ April–Okt. Kleines Familienhotel mit Restaurant und Snack-Bar im Zentrum von Porto Azzurro. Ⓢ

Delfino Verde, Via Vitaliani 1, ☎ 0 56 59 51 97. Auf Stelzen in den Hafen gebautes Restaurant, man speist vorzüglich. Ⓢ
Arco Antico, Via d'Alarcon 40 (parallel zur Hafenpromenade). Eine nette Mischung aus Cocktail-Bar, Enoteca und Café, wo man auch Panini und Toasts erhält. Ⓢ
Lo Scoglio, ein sympathisches Lokal, das Bitburger vom Fass ausschenkt und hervorragende Bruschette serviert. Man sitzt gemütlich an Holztischen im Freien. Ⓢ

Akbar, Via de Santis, ⏱ ab 22.30 Uhr; Nachtclub mit Striptease-Programm.

Jeden Samstag: Markt. Im Hochsommer findet in den Straßen der Altstadt jeden Abend ein Schmuck- und Kunsthandwerkermarkt statt.

Handgearbeitete, phantasievolle Puppen und Masken als Mitbringsel findet man im **Bambole della bottega scura,** Via S. Anna 6 (historisches Zentrum).

Für den Strand oder die Party: Herrlich bemalte Stoffe verarbeitet die Besitzerin der Boutique **Baik** zu Kleidern, Via S. Anna 18 (historisches Zentrum).

Welche der handgemachten Schüsseln ist nun die richtige Obst- oder Blumenschale für daheim? **Le Terre,** Piazza Matteotti.

In der ausgezeichnet sortierten Weinhandlung **Cecchini Pietro,** Via Cavour 3–5, findet man die wohlmundenden Spezialitäten Elbas, vom Aleatico und Moscato bis zum Limoncino.

Tipp Die Schule **ABC Elba,** Ortsteil Monserrato, ☎ 05 65 92 01 55, 📠 05 65 92 01 66, bietet Italienischkurse an (Internet: www.abcelba.com).

Veranstaltungen:
Juli–August: Theater, Konzerte, Ausstellungen und Wettbewerbe auf den Straßen und Plätzen der Stadt.
15. Juli: Fest des Stadtpatrons San Giacomo.

Spaziergang zur Wallfahrtskirche *Madonna di Montserrato

Man verlässt Porto Azzurro Richtung Rio nell'Elba und biegt nach circa 1 km links zur Kirche Madonna di Montserrato ab. Allein schon das wildromantische Tal lohnt den Ausflug. Eine prächtige Schirmpinie weist den Weg, ein Bächlein rauscht, Agaven und Zypressen vervollständigen das Bild. Auf einem 121 m hohen Felsplateau erhebt sich am Ende der Schlucht einsam Nuestra Señora de Montserrrat.

Kirche und Name muten nicht zu Unrecht spanisch an. Der erste Gouverneur von Longone, José Pons y León, ließ 1606 das kleine Heiligtum nach seinem gleichnamigen Vorbild in Katalonien errichten. Selbst der abweisende Standort mit den tiefen Schluchten und den spitzen Berggipfeln erinnert an seine spanische Heimat. Etwa eine Viertelstunde dauert der Aufstieg über die Treppen, den ein herrlicher Blick bis zum Meer belohnt. Wie sauber hier die Luft noch ist, sieht man auch an den unzähligen Flechten. Ihr Farbreichtum von Ockergelb, Grün, Weiß oder Bläulich hebt sie eindrucksvoll von dem roten eisenhaltigen Gestein ab.

Tipp **Wallfahrten** in der Woche um den 8. Sept., dann kann man auch die Kopie der Schwarzen Madonna von Montserrat bewundern, zu anderen Zeiten ist das Kirchlein meist verschlossen.

Zu kleinen Badebuchten

Und jetzt ein erfrischendes Bad am Strand, der den Namen des berühmtesten Piraten trägt: **Barbarossa.** Die roten

Steinchen des Strandes erinnern an den roten Bart *(barba rossa)* von Cheir ed-din. An der kleinen Bucht, eingeschlossen von grünen Hängen und dem Meer, befinden sich Tauchschule, Strandbar und mehrere Campingplätze.

△ Vier Campingplätze; direkt am Meer **Arrighi,**
☎ 0 56 59 55 68,
☎ 05 65 95 78 22. ◑ Ostern–Okt. Schattig, auch mit Bungalows, Tauchschule.

Eine exklusive Bademöglichkeit wartet in der nächsten Bucht. Nur wenige Meter vom Meer entfernt, liegt der kleine Süßwassersee ***Laghetto di Terranera.** Man folgt von der Hauptstraße den Schildern „Camping Reale" bis hinunter zum Strand. Links entlang gehend, erreicht man zu Fuß bald den See.

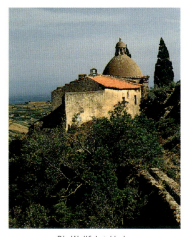
Die Wallfahrtskirche Madonna di Montserrato

Piraten

Die Totenkopfflagge des „Roten Korsaren" wurde auf Elba zwar nie gesichtet, der Halbmond dafür umso öfter. Schon in der Antike beherrschten Piraten das Meer um die Insel. Die Etrusker brachten ihr Eisen lieber auf dem Landwege von Populonia aus nach Sibari in Kalabrien, da in Süditalien die griechischen Schiffe gern eine etruskische Eisenladung abfingen. Unter römischer Herrschaft nahm die Piratenplage derart zu, dass 67. v. Chr. Gnäus Pompejus vom Römischen Senat außergewöhnliche Vollmachten, 500 Schiffe und 120 000 Mann zur Bekämpfung erhielt. Von dieser Strafaktion profitierte auch Elba und hatte einige Jahrhunderte Ruhe. Von den germanischen Eroberern Italiens, den Langobarden, später den Karolingern, drohte der Insel keine Gefahr – aber ohne Seefahrertradition konnten sie Elba auch nicht schützen. Seit dem 8. Jh. tauchte der arabische Halbmond vor Italiens Küsten auf, und auch Elba erhielt häufig „Besuch" von den sarazenischen Piraten. Erst die bedeutenden Siege der Republik Pisa, der seit dem 11. Jh. größten Seemacht im Tyrrhenischen Meer, vertrieben die Sarazenen. Das mächtige Pisa forderte den Hauptkonkurrenten Genua heraus, der mehrmals (so 1162, 1169, 1291 oder 1401) versuchte, die Insel zu erobern. Auch die Genuesen plünderten und verschleppten die Einwohner – nicht anders als vorher die Sarazenen und nach ihnen türkische Korsaren. Der Halbmondflagge konnten die Appiani weder im 15. noch im 16. Jh. etwas entgegensetzen. Nur wer rechtzeitig in die Bergfestungen, vor allem nach Volterraio, fliehen konnte, entging dem Schicksal, als Sklave auf einem orientalischen Basar zu landen. Noch heute rufen die Mütter auf Elba ihre Kinder mit der Drohung „Barbarossa kommt" zum Gehorsam. Der schreckliche Cheir ed-din nahm 1534 in Rio nell'Elba und Grassina die gesamte Bevölkerung mit, kam 1543 und 1544 nochmals und hinterließ seinen Namen der Bucht „Barbarossa" bei Porto Azzurro. Seine Nachfolger schauten noch bis zur Mitte des 17. Jhs. immer wieder mal vorbei.

ROUTE 5

Schon der Weg dorthin erklärt den Namen *terra nera*, „schwarze Erde". Der Strand besteht aus kleinen schwarzen Steinchen, Mineraliensammler haben hier ihre Freude an den Hämatiten, Pyriten, Magnetiten und Limoniten. Die Felsen laden zum Sonnen ein, eine Bucht folgt der anderen. Der Strand zählt sicher zu den stimmungsvollsten Elbas. Selbst die verrostenden Überbleibsel der Minengesellschaft passen gut dazu. Ein Bad im schwefelhaltigen See soll übrigens der Haut gut tun.

⚠ **Camping Reale,**
☎ 0 56 59 56 78,
📠 05 65 92 01 27. 🕐 April bis Okt. Sehr schattiger Platz, direkt am Meer, Strandbar mit Kicker, Restaurant, Windsurf- und Bootsverleih.

Rio Marina

Zurück auf der Hauptstraße, geht es kurvenreich hinauf – Rio nell'Elba erkennt man am Hang – und wieder hinunter in das von weitem sichtbare Rio Marina (2300 Einw.).

Der Begriff „Arbeitersiedlung" charakterisiert das anmutige und doch zugleich herbe Städtchen wohl am besten. Trotz der Faszination, die für Touristen von den relativ hohen Häusern gerade im älteren Teil Rios ausgeht – es handelt sich um Mietskasernen für Arbeiter. Ihr Brot verdienten sich die Einwohner seit Generationen in den Minen – manche noch als Seeleute. Die Schließung der letzten Eisenerzmine 1982 traf diese Region daher besonders hart.

Erst langsam entwickelt sich seither der Tourismus. Die unberührte Macchiawildnis und die unverbauten Buchten gerade dieses Inselteils werden durch den Naturpark Toskanischer Archipel, der den Norden Rio Marinas einschließt, nun angemessen geschützt.

Bis in die frühe Neuzeit lebte kaum jemand an diesem Küstenstrich. Die Angst vor Piratenangriffen ließ die Elbaner im höher gelegenen Rio nell'Elba bleiben. 1534 errichteten die Appiani den Wachturm an der Hafenmole, die Angst jedoch blieb.

Napoleon wollte als Erster den Hafen Rios für die Verschiffung des Eisens ausbauen. Die Mole, die den Wachturm mit einer kleinen Felseninsel verbindet, hatte der Kaiser schon genauso geplant – gebaut wurde sie erst später. Der Aufschwung kam für Rio im 19. Jh., als der Sitz der Minengesellschaft von Rio nell'Elba hierher verlegt wurde. 1882 wurde Rio Marina zur selbständigen Gemeinde erhoben.

Den Ausgangspunkt des Spaziergangs bildet der schattige kleine Park mit dem Kinderspielplatz über dem Hafen. Man schlendert zum Wachturm, dann die Mole entlang. Die verrostenden Verladestellen im Meer erinnern an Rios Vergangenheit, die im Wasser dümpelnden Fischerboote gehören in die Gegenwart. An klaren Tagen sieht man bis hinüber aufs Festland nach Piombino. Wer vom Wachturm aus weiter nach oben spaziert, kann den Fels rosten sehen. Mineralien unterschiedlichster Farben verwandeln den Stein in die Palette eines Malers.

Von dort aus gelangt man auch in die „Altstadt". Steile Treppen und Gässchen führen durch diese Arbeitersiedlung mit Atmosphäre. Besonders hübsch sind die im Freien stehenden Marktbänke in der kleinen Gasse gegenüber dem Rathaus (Via Claris Appiani).

Was ist ein Goethit?

Sie kennen den Goethit nicht? Auch das von Goethe entdeckte Mineral (Vitrine 11) ist in dem sehenswerten **Museo dei Minerali Elbani** zu betrachten. (Palazzo Comunale, an der kleinen Piazza, dritter Stock) ☎ 05 65 96 27 47; 🕐 April–Mitte Okt. 9–12, 15–18 Uhr, So u. Fei nur bei Regen auch nachm. Alle Exponate sind aus Elba, ein detailliertes Merkblatt ist auch auf Deutsch erhältlich.

80 Polyglott

ROUTE 5

Die **Mine Bacino** gleich hinter dem Museum wird bis zum Jahr 2000 in einen Freiluftmuseumspark umgewandelt. Dann darf man wohl auch wieder selbst hämmern. Auskünfte zur Wiedereröffnung unter ☎ 05 65 96 27 47 oder 05 65 96 20 88.

 Forti Viaggi, Via Palestro 26, 57038 Rio Marina, ☎ 05 65 92 40 87, 📠 05 65 92 40 91. Das Reisebüro, in dem man auch Deutsch spricht, organisiert Inselrundfahrten, Ausflüge nach Giglio, Giannutri, Pianosa und Montecristo.

 Ortano Mare, ☎ 05 65 93 91 60, 📠 05 65 93 91 54. ⏱ Mitte Mai–Ende Sept. Das Hotel liegt in der Bucht von Ortano, 4 km von Rio Marino, mit Animation, Disco; Apartments. ⑤–⑤⑤ HP

△ **Canapai,** ebenfalls Ortsteil Ortano, ☎ 📠 05 65 93 91 65. ⏱ Mitte Mai bis Ende Sept. Schattiger Platz, Fahrradverleih, Animation (Aug.).

 La Canocchia, Via Palestro 1, ☎ 05 65 96 24 32. Das beste Lokal der Insel für Fischspezialitäten. ⑤⑤
Il Chicco d'Uva, Via Claris Appiani (Marktgasse), ☎ 05 65 92 40 60. Im netten, sehr kleinen Lokal gibt's für zwischendurch Pizzen oder *torta di ceci* (Kichererbsentorte), für den größeren Hunger Spezialitäten wie etwa den *gurguglione,* eine Art Gemüseeintopf. ⑤
Il Mare, Via del Pozzo 16, ☎ 05 65 96 21 17. Blick aufs Meer, eine Spaghetteria, die die Pizzen im Holzofen bäckt. ⑤

 Die beste *schiaccia briacca* der Insel fertigen **Muti & Lupi,** Via Palestro 14.

 Die verschiedenen (Kunst-) Objekte ihrer Boutique **Evi** stellt die gleichnamige Künstlerin selbst her. Ihre Philosophie und Poesie gibt es gratis dazu.

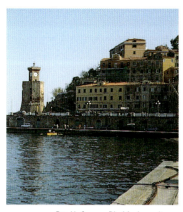

Der Hafen um Rio Marina mit dem Appiani-Turm

ROUTE 5

Veranstaltungen:
16. August – Fest des Stadtpatrons San Rocco mit Lichterprozession auf dem Meer und Feuerwerk.
Jeden Montag: Markt.

An der Küste nach Cavo

Rot dominiert die Landschaft um Rio Marina. Rostrot stehen die dem Zerfall preisgegebenen Industrieruinen herum, rot leuchtet die seit 2500 Jahren aufgewühlte Erde. Das Gelb des Ginsters und das Grün der Macchia können die Wunden nicht völlig verdecken. Die Erosion trägt das ihre dazu bei, dass die zerklüfteten Hügel ihre Narben bewahren. Immer wieder verschob man die Schlackenberge, da in den von Etruskern und Römern verhütteten Resten noch bis zu 40 % Eisen vorhanden war. Besondere Faszination erhalten die Strände durch die Lagerstätten. Ihr Sand glitzert schwarz.

Von Rio Marina fährt man auf einer Panoramastraße hoch über dem Meer entlang nach Cavo. Das Farbenspiel und die herrliche Aussicht auf steil abfallenden Felsen, kleine Buchten, bis hinüber zum Festland nach Piombino begleiten den Reisenden. Immer wieder führen kleine Wege hinunter ans Meer.

Am Strand von **Topinetti** kommen nicht nur Badende, sondern auch Mineralienfreunde auf ihre Kosten. Selbst Laien können nach einem Besuch im Mineralienmuseum von Rio Marina ihre neuen Kenntnisse hier vor Ort überprüfen. An Pyrit und Limonit erinnern Sie sich doch noch?

1849 war er für ein paar Stunden hier! Jeder italienische Ort zählt stolz einen Aufenthalt Garibaldis zu den markantesten Ereignissen seiner Geschichte. Natürlich fehlt die Gedenktafel auch in **Cavo** nicht, am Ortseingang an einer Hauswand links zu sehen.

Damit wäre auch schon das Wichtigste zu diesem, dem Festland am nächsten gelegenen Punkt gesagt. Fast liebevoll eingebettet ins Grüne, das Leuchtturminselchen als Fluchtpunkt im Meer, gemütlich präsentiert sich Cavo mit kleinem Hafen und Sandstrand. An das rege Treiben Anfang des 20. Jhs., als hier die Bergwerksdirektoren wohnten, erinnern heute ihre prächtigen Villen. Ruhige Ferien kann man hier verbringen, wie es bereits 1936 etwa Georges Simenon tat, oder Marinetti, der Futurist, der im selben Jahr hier weilte. Wer mag, kann durch den Pinienwald am Ortsende auf die andere Seite des Felsvorsprungs *Capo Castello* spazieren. Ein langer Kieselstrand mit dichter grüner Macchia im Hintergrund zieht sich bis zum Capo Vita hin.

Tipp Großer Kinderspielplatz neben der Bar Il Paradiso an der Promenade; jeden Mi Markt.

Elba Turist Service,
05 65 93 11 30, am Strand bei der Tankstelle.

Maristella,
05 65 94 98 59,
05 65 93 11 09. Mai bis Sept. Schöne Lage, familiär. HP
Cristallo, 05 65 94 98 98,
05 65 94 99 60. In Meeresnähe, auch Nicht-Gäste können die Mineraliensammlung in der Hotelhalle ansehen. $–$
Ginevra, 05 65 94 98 45,
05 65 93 10 84. Mai–Sept. Nettes gelbes Haus in ruhiger Lage im Ort. In der Hochsaison nur HP, VP. $–$
⚠ **Paguro's,** Valle Baccetti,
05 65 94 99 66, 05 65 93 11 68.
Juni–Sept. 800 m vom Meer.

Da Sergio, Via Michelangelo 25, 05 65 94 97 92. Direkt am Meer isst man Fisch. $
Rendez-Vous, Piazza Matteotti,
05 65 93 10 60. Nette Crêperie direkt am Hafen. $
Mokambo, Viale Kennedy, nette Bar mit Terrasse am Meer und Musik. $

Der winzige Laden **La Bottega del Miele,** Lungomare Michelangelo 11, bietet die wohlschmeckenden und -duftenden

Bienenprodukte der Elbaner Imkerei Ballini, aber auch Zitronenlikör und Elbaweine.

Tauchschule: **Centro Sub Cavo Diving** (s. S. 22) am Strand: Verleih von Sonnenschirmen, Kabinen, Liegestühlen, Surfbrettern und Kajaks.

Wanderung zum Monte Giove

Die einsamste Gegend der Insel berührt man auf der 10 km langen Fahrt nach Rio nell'Elba. Dichte Macchia, sogar mit relativ hohen Steineichen scheint die Straße fast zu verschlingen, nur unterbrochen von tiefen roten Wunden des Erzabbaus. Kahle Berggipfel wie der 352 m hohe Monte Giove ragen in den blauen Himmel.

Parkmöglichkeit auf einem großen freien Platz in der Macchia auf der linken Straßenseite, kurz nachdem die Hochspannungsleitung zweimal die Straße überquert.

Schon von weitem sichtbar, überragt der 1460 errichtete Wachturm Torre del Giove die Umgebung. Er sollte vor Piraten warnen. Durch die Macchia führt ein Pfad in circa 30 min nach oben. Die ganze Wegstrecke liegt angenehm im Schatten! Man bewundert die Ruine und die herrliche Aussicht. Als Blickfang dienen Rio nell'Elba und das Kastell von Volterraio, die Bucht von Cavo und das Festland. In absoluter Einsamkeit kann man hier die Idylle genießen.

Nach * Rio nell'Elba

Gesteinsformationen aller Art erkennt man bei der Weiterfahrt nun deutlicher. Immer wieder zeigt die rote Erde ihr Inneres. Zumindest im Frühjahr deckt die steilen Abhänge ein farbenfrohes Blumenmeer zu. Sonst vermag die niedrige Garigue, die nun die Landschaft beherrscht, nur wenig neue Farbakzente zu setzen. An den Straßenrändern wachen Agaven über die Ruinen von

Die im Freien stehenden Marktbänke in der Via Claris Appiani

Mineralien, wohin man schaut, im Museo dei Minerali Elbani

Der Strand von Fornacelle im Nordosten der Insel

ROUTE 5

Grassera (circa 2 km vor Rio nell'Elba auf der linken Seite). Nach der völligen Zerstörung durch die Piraten Cheir eddins 1534 blieben sie als stumme Zeugen stehen.

Wer sich durch die Macchia schlägt, kann die Reste der romanischen Apsis von San Quirico noch bewundern.

Malerisch liegt das liebliche Bergstädtchen Rio nell'Elba (890 Einw.; 165 m) am Hang. Das geschlossene, zum Teil noch mittelalterliche Ortsbild macht den Reiz Rios. Touristen wird man hier kaum begegnen, hauptsächlich alte Menschen sitzen auf einen Plausch rund um die Piazza, Blumentöpfe, enge Gässchen, Treppchen und Mäuerchen, ein Bergstädtchen mit viel Charme.

Geschichte Rios nell'Elba

Auch heute wirkt die Stadt wie eine Festung, stolz thront sie über dem Tal. Weit weg vom Meer fühlte man sich hier oben sicher vor den Piraten. Eine trügerische Hoffnung, wie der Überfall von Cheir ed-din 1534 zeigte, bei dem Grassera (s. oben) völlig zerstört wurde. Die Einwohner Rios verschleppten die Korsaren nach Tunis, wo viele 1535 bei der Expedition Kaiser Karls V. wieder freikamen. Glück im Unglück.

Eisenerzabbau hieß das magische Wort, das über Jahrhunderte den Wohlstand sicherte. Schon die Etrusker und Römer beuteten die Minen aus.

Der römische Name des Städtchens *Rivus* (Fluss), der auf den Wasserreichtum Rios hinweist, blieb dem Ort *(Rio)*. Nach den Pisanern, die Rio im 11. Jh. befestigten, förderten vor allem die Großherzöge der Toskana den Erzabbau. 1574 pachtete Francesco I. von Jacopo VI. Appiani die Minen um Rio für 90 Jahre. Den Vertrag erneuerten Ferdinand II. (1610–1670) und Fürst Niccolò Ludovisi. Rio bildete somit eine Enklave, die wie Portoferraio bis 1802 zum Großherzogtum Toskana gehörte.

Die Bedeutung Rios zeigt auch die Tatsache, dass es in dem kleinen Ort ein englisches Konsulat gab, da englische Schiffe das hochwertige Eisen aus Elba nach Großbritannien transportierten. Im 18. Jh. lebten 5000 Menschen in Rio (heute knapp 900). Der Niedergang Rios begann im 19. Jh. mit der Verlegung der Minendirektion nach Rio Marina, das endgültige Aus kam 1982 mit der Schließung der letzten Mine. Heute geht das Leben hier einen eher beschaulichen Gang, viele junge Leute wanderten nach Rio Marina ab.

Ss. Giacomo e Quirico

Nachdem man ein wenig durch die engen Gässchen spaziert ist, die wehrhaften Häuser bewundert und die sehr friedliche Atmosphäre des Ortes auf sich hat wirken lassen, sollte man der Kirche am Hauptplatz, der einzigen Sehenswürdigkeit des Ortes, einen Besuch abstatten.

Doch vorher verdient der alte Taufstein an der Mauerecke einen kurzen Blick, der jetzt als Quellfassung dient. Die Kirche kann ihren Festungscharakter aus dem 16. Jh. ebenso wenig verbergen wie die meisten Häuser Rios.

Vier mächtige Bastionen umgaben einst die Altstadt, Reste sieht man noch an dem Gotteshaus. Schon im 11. Jh. wird San Jacopo erwähnt, den Doppelnamen erhielt es nach der Zerstörung Grasseras, als man die Reliquien des hl. Quiricus hierher überführte. Bis 1558 war Ss. Giacomo e Quirico Hauptkirche der Insel, erst in diesem Jahr wurde die Pfarrkirche in Portoferraio losgelöst. Ihrer einstigen Bedeutung entspricht ihr heutiges Erscheinungsbild nach zahlreichen Restaurierungen nicht mehr. Ins dreischiffige Innere kann man einen Blick werfen, die Barockaltäre in den Seitenschiffen sind ganz ansehnlich.

Tipp **Museo Minerali Elbani „Alfeo Ricci".** Das kleine Privatmuseum zeigt seine sehr gut sortierte Sammlung in mittelalterlichem Ambiente. Dicke Mauern, Bögen und kleine Räume stellen den Rahmen für wunderschöne Azurite, Amethyste oder Malachite. Alle Steine wurden auf Elba von dem Hobbyforscher Ricci in den 30er Jahren des 20. Jhs. gefunden.

🕓 April–Okt. tgl. außer Mo und Mi nachmittags 10–13 und 16–19.30 Uhr, ☎ 05 65 93 92 94.

Carpe Diem, Via S. Galletti 14, ☎ 05 65 93 92 49. Rustikales Lokal im Zentrum von Rio. Ausgezeichnet sind Nudelgerichte wie *penne al granchio*. $
La Pergola, Via S. Galletti 10, ☎ 05 65 94 31 43. Ob Pizza oder

Die Mine Valle Giove soll für Touristen wieder geöffnet werden

Wollen Sie auch mal klopfen?

Einen Hammer sollten Sie schon dabeihaben! Wenn im Frühjahr 2000 die Mine „Bacino" gleich hinter dem Museo dei Minerali Elbani im Rathaus von Rio Marina (s. S. 80) als archäologischer Minenpark wieder eröffnet wird, kann man auch wieder selbst klopfen. Daneben bekommt man einen Einblick in die Geschichte des elbanischen Eisenerzabbaus. Informationen zu Öffnungszeiten unter ☎ 05 65 96 27 47.

Wie die übrigen Eisenerzminen Elbas wurde auch diese Mine 1982 stillgelegt – zu hart war die Konkurrenz aus Dritte-Welt-Ländern, die den Markt mit Niedrigstpreisen fest in ihrer Hand hielten. Damals starb ein jahrtausendealter Wirtschaftszweig der Insel aus, dessen Tradition bis auf die Etrusker zurückreicht.

Die Minen sollen nun einer neuen Bestimmung überführt und nach und nach Touristen zugänglich gemacht werden. Eine solche Nutzung der alten Abbauflächen würde vielen der entlassenen ehemaligen Minenarbeiter wieder eine Erwerbsmöglichkeit geben.

Derzeit überwachen noch ca. 30 Männer von einst 400 Angestellten der Eisenerzgesellschaft ILVA – benannt nach dem etruskischen Namen Elbas – die aufgegebenen Gruben. Allerdings ruhen die neuen Pläne noch in irgendeiner Schreibtischschublade... Auch die attraktive Mine „Valle Giove", die ihre eisenhaltigen Wände unweit Rio Marinas amphitheatergleich in den Himmel erhebt, ist daher z. Zt. leider nicht zugänglich.

Das allgegenwärtige Tock, Tock, Tock wird ab 2000 wieder durch die Mine „Bacino" hallen. Ganze Familien begeisterter Hobbymineralogen können hier Steine klopfen! Die bunten Farbtupfer der T-Shirts der Leute machen sich gut vor dem glitzernden Untergrund. Selbst ein Laie findet hier einen Hämatiten; man braucht ihn nur aufzuheben! Doch ist im Grunde das Klopfen selbst der Gag: Erwachsene und Kinder hämmern gleichermaßen begeistert auf die Steine ein.

Hauptsächlich Pyrite und Hämatite, aber auch Limonithe oder Pyrite mit Quarzeinsprengseln findet man. Wer kurz vorher im Museum war, tut sich beim Erkennen leichter...

Verbilligte Sammeleintrittskarte für Museum und Mine – einen Hammer kann man ausleihen. Das Mineralienmuseum von Rio nell'Elba ist ebenfalls sehr sehenswert (s. S. 84 f.).

ROUTE 5

Schiacciata (flaches, gefülltes Brot) – hier wird hervorragend gebacken. ⑤

Veranstaltungen: Karfreitagsprozession. Jeden Dienstag: Markt.

Zu Hause haben Sie sicher eine Waschmaschine. Direkt an der Straße nach Nisporto unterhalb des Ortes können Sie sich im *Lavatoio Pubblico* ins Alltagsleben früherer Zeiten zurückversetzt fühlen. Bei dem öffentlichen Waschhaus wird auch einer der Informationspunkte für den neu geschaffenen Naturpark Toskanischer Archipel entstehen (geplant für 2000).

Auf den Monte Serra

Auf der Passhöhe bietet sich rechts eine Parkmöglichkeit. Der etwa 20-minütige Aufstieg auf den rechten Gipfel auf schmalen Pfaden durch niedrige Garrigue wird belohnt mit einer einmaligen Aussicht auf die Bucht von Portoferraio, die Stadt scheint zum Greifen nah. Völlige Ruhe und Idylle genießt man hier oben. Die Felsen eignen sich hervorragend zum Sitzen bei einem Picknick.

Nach Nisporto und Nisportino

Man verlässt Rio nell'Elba Richtung Nisporto/Nisportino. Kurz hinter dem Ort besucht man die wunderschön auf 260 m Höhe gelegene Kirche **Santa Caterina** – vielleicht die romantischste der Insel –, die im 15. Jh. erbaut wurde. Ein kleiner Glockenturm, das einschiffige Innere mit offenem Dachstuhl, ein kleiner Barockaltar, eigentlich nichts Besonderes, und doch hat das Kirchlein was. In dem kleinen Eremo neben der Kirche betreibt seit einigen Jahren der Deutsche Hans-Georg Berger ein Künstlerbegegnungszentrum und rettet es so vor dem endgültigen Verfall. Mit seinem neuesten Plan, einen Kräutergarten, einen Giardino dei Semplici, anzulegen, nahm er auch die Tradition der mittelalterlichen Klostergärten wieder auf.

◔ tgl. außer Mo 13–19 Uhr.

Quaderni di Santa Caterina, in den Heften werden die künstlerischen und wissenschaftlichen Ergebnisse der Gäste Bergers veröffentlicht; eindrucksvoll sind die Gemälde und Konstruktionen englischer Künstler oder die Entdeckung einer karolingischen Handschrift im Gemeindearchiv von Rio.

Veranstaltung: Fest am Ostermontag vor der Kirche, mit Messe (s. S. 18).

Dichte Macchia und rote Erde begleiten die Abfahrt hinunter nach **Nisporto** und **Nisportino**. Ein kleines Dorf in Weinbergen, die Bucht inmitten grüner Berge und Felsen, hauptsächlich Kieselstrand. Das Meer plätschert so dahin, eine Bar lädt am Strand zu Erfrischungen ein, der Campingplatz liegt direkt am Meer und dazu eine (hässliche) Apartmentanlage. War das nun Nisporto oder Nisportino? Die Beschreibung passt auf beide, zwei herrlich ruhige Flecken zum Erholen und Entspannen.

△ **Cala di Nisportino,** Nisportino, ☎ 05 65 91 01 11, 🖷 05 65 91 01 66 (im Winter ☎ 05 65 91 84 22). ◔ Ende April bis Ende Sept. Mäßig schattig, Schwimm-, Segel-, Surf- und Kajakschule, Kinderspielplatz; auch Bungalows.

△ **Sole e Mare,** Nisporto, ☎ 05 65 93 49 07, 🖷 05 65 96 11 80 (im Winter ☎ 05 65 93 49 30). ◔ April–Sept. Schattiger Campingplatz, Boots- u. Surfbrettverleih, Tauchschule; auch Bungalows. Apartmentanlage **Nisporting Residence Hotel,** Nisporto, ☎ 05 65 93 49 28, 🖷 05 65 93 49 24. Die Apartments liegen ca. 200 m vom Meer entfernt.

Eine nicht asphaltierte, schlechte Straße führt über die Punta Falconara nach Bagnaia (s. S. 89 f.), die asphaltierte zurück nach Rio nell'Elba.

Route 6

Ein bisschen (Wein-)Kultur

Kurz vor der Rückkehr nach Portoferraio wartet noch einmal Kultur: Pisaner Festung, romanische Kirche oder eine römische Villa stehen zur Auswahl. Und danach Entspannung an den Stränden von Magazzini und Bagnaia, Weinprobe oder doch lieber gleich eine Schönheitskur in den Thermen von San Giovanni?

Steil hinauf geht's zum Kastell Volterraio

*Kastell Volterraio

Am Ortsausgang von Rio nell'Elba, an der Straße nach Rio Marina und Porto Azzurro, fährt man gleich rechts die Strecke hinauf Richtung Volterraio, Portoferraio. In großen Serpentinen geht es zum Hügelkamm (rechts Parkmöglichkeit). Ein schattiger Picknickplatz lädt zu einer längeren Pause mit herrlicher Aussicht ein. Sie reicht zurück bis hinunter nach Rio Marina und weiter bis zum Wachturm auf dem Monte Giove.

Auf der anderen Seite liegt das Kastell Volterraio. Auch hier bewiesen die Etrusker ihren Sinn für strategische Punkte: Kaum ein Platz der Insel dominiert so uneinnehmbar die Umgebung wie dieser 394 m hohe Berg. Ob Volterraio tatsächlich etwas mit dem etruskischen *Volterra* oder mit *Ful Tur* (etrusk. *Hochburg*) zu tun hat, bleibt so ungewiss wie die Frage, ob im Mittelalter noch etruskische Reste der Festung vorhanden waren. Die heutige Burg wurde von den Pisanern 1284 zum Schutz für die Bevölkerung von Rio und Bagnaia errichtet. Die Pisaner übernahmen das alte etruskische System, von einem Wachturm zum nächsten mittels Feuerzeichen herannahende Gefahren (Piraten) zu signalisieren.

Stolz thront Rio nell'Elba über dem Tal

Seite 91

Ginsterblüten duften im Frühling weithin

Polyglott **87**

ROUTE 6

Vorsicht bei der Weiterfahrt! Die sehr enge, kurvenreiche Straße führt zunächst durch einen kleinen, romantischen Hohlweg, den nur der Beifahrer bewundern sollte! Nach einigen Serpentinen bietet sich rechts eine Parkmöglichkeit bei einem verfallenen Schafstall. Von hier aus (und nur von hier aus, falls man nicht das Krankenhaus in Portoferraio kennen lernen möchte) kann man den Aufstieg auf die Bergfestung unternehmen.

Aufstieg zum Kastell Volterraio

Festes Schuhwerk ist für den ca. 30-minütigen Aufstieg unbedingt nötig, auf keinen Fall sollte man die Wanderung bei glühender Hitze machen!

Einen ausgeschilderten Weg gibt es nicht, man folgt einem der vielen kleinen Pfade durch die Macchia nach oben. Im Frühjahr blüht es überall gelb vom Ginster, blau vom Lavendel oder blassblau vom Rosmarin. Man steigt zunächst bis zu der Ruine der kleinen Kapelle auf dem Felsenabsatz. Wer sich mehr links hält, findet bessere Pfade als derjenige, der möglichst direkt nach oben will. Beim letzten Stück Weges zur Burg über die steil ansteigenden Felsplatten kommt man ins Schwitzen. Eine traumhafte *Aussicht nach allen Seiten belohnt aber reichlich für die Anstrengung.

Das Panorama umfasst den gesamten Golf von Portoferraio mit der Ebene von San Giovanni und Magazzini davor und dem höchsten Gipfel Elbas, dem Monte Capanne, im Hintergrund, es reicht hinüber auf die andere Inselseite bis zum Stella-Golf, und man sieht die Inseln Montecristo und Korsika im Meer liegen.

Der Zugang zum sehenswerten Inneren gestaltet sich nicht ganz einfach. Sportliche Kletterer können über die Mauer an der Südseite hineingelangen, oder man steigt (falls man keine Taschenlampe dabeihat) in völliger Dunkelheit auf sehr groben Stufen durch den kleinen Tunnel ins Innere. Man kann den Wachturm, die kleine, später hinzugefügte Barockkapelle, die Zisterne und vor allem den Wehrgang mit Brustwehr und Zinnen besichtigen – mit viel Vorsicht, denn überall bröckelt etwas herab. Die Aussicht überwältigt noch mehr, da nun auch Rio Marina und das Kastell auf dem Monte Giove sichtbar werden. Man kommt sich vor wie in einem Adlernest, hört nichts mehr außer Vogelstimmen. Man träumt sich zurück in vergangene Zeiten, als diese Burg von Piraten umringt war, die jedoch jedes Mal an ihren starken Mauern verzweifelten.

Magazzini und Ottone

Die Straße führt nun abwärts zum Meer nach **Magazzini**. Der Name *Stapelplatz* stammt aus der Zeit des Eisenabbaus, als das Erz hierher gebracht wurde, um dann mit kleinen Booten nach Portoferraio weitertransportiert zu werden. Baden, sonnen, einen Segelkurs belegen, die Aussicht über den Golf genießen, faulenzen: Ein netter kleiner Ferienort zum Erholen ist Magazzini heute.

Ein ganz besonderes Kleinod der Insel liegt gleich hinter Magazzini an der Straße Richtung Bagnaia. Selbst Gäste eines Luxushotels verschlägt es auf den Campingplatz Rosselba Le Palme. Auf seinem Gelände liegt einer der vielleicht schönsten Parks Elbas, der ***Palmengarten Ottone**. Im Zuge des Interesses für exotische Pflanzen Ende des 19. und zu Beginn des 20. Jhs. kaufte der Münchner Großgrundbesitzer Garbari 1910 das weitläufige Gelände und legte den Grundstock für diesen herrlichen Garten.

Mächtige Exemplare aus Afrika, Lateinamerika und Asien, die bis zu 25 m hoch wachsen, säumen die Spazierwege des 2 ha umfassenden Parks. Auch kleinere Exemplare wie die „Blaue Palme" zählen zu den Prunkstücken. Über 4 m hohe Yuccapalmen passen in kein Wohnzimmer mehr. Eindrucksvolle Kakteen vervollständigen die majestätisch ruhige Atmosphäre dieses Ortes.

Patrizia Marracci, „Der Ottone-Garten", Portoferraio 1990; eine gute Einführung mit wunderschönen Fotos (im Park erhältlich).

 Villa Ottone, Ortsteil Ottone, ☎ 05 65 93 30 42, 📠 05 65 93 32 57. ⌚ Anf. Mai-Ende Sept. Traumhaft schön gelegene Villa von etwa 1900, absolut ruhig mit eigenem Park, Privatstrand; die Altstadt von Portoferraio als Kulisse gegenüber, während man unter ionischen Säulen auf der Terrasse sitzt! ⓢ⟩⟩ HP

Fabricia, Ortsteil Magazzini, ☎ 05 65 93 31 81, 📠 05 65 93 31 85. ⌚ Mai-Anf. Okt. Direkt am Strand in großem Park gut eingepasste, neue Anlage, hier wird man abseits vom Trubel verwöhnt; Swimmingpool, Tennisplätze. ⓢ⟩-ⓢ⟩⟩ HP

Residence Alithai, Ortsteil Magazzini, ☎ 05 65 93 35 55, 📠 05 65 93 35 94. 1993 eingeweihte Apartmentanlage, 1 km vom Meer, mit Swimmingpool, für preiswertere Ferien. ⓢ⟩

△ **Rosselba Le Palme**, Ortsteil Ottone, ☎ 05 65 93 31 01, 📠 05 65 93 30 41 (im Winter ☎ 0 45 59 24 88). ⌚ Ostern-Ende Sept. Schattig, 300 m vom Meer gelegen, Tennis- u. Kinderspielplatz, Bungalows und natürlich der Palmengarten (s. S. 88).

Deutschsprachige Segelschule: **Segelclub Elba**, Ortsteil Magazzini 12, 57037 Portoferraio, ☎ 05 65 93 32 88, 📠 05 65 93 32 41; die Surfschule *Elba Surf* ist angeschlossen. Die Schule regelt auch die Unterbringung der Gäste.

Bagnaia

Der kleine Fischerort in der nächsten Bucht hinter Magazzini heißt Bagnaia. Von den Cafés am Kieselstrand schweift der Blick hinüber nach Portoferraio, Urlaubsstimmung stellt sich hier sofort ein. Deutsche Zeitungen in der Bar Kikuty an der Ecke, deutschsprachige Segelschule, aber auch italienische Jugend im In-Café des Hotels Villa

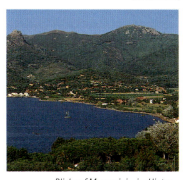
Blick auf Magazzini – im Hintergrund Volterraio

La Chiusa – das bekannteste Weingut Elbas

Mare – alles mischt sich, vor allem wenn hier im Sommer Livemusik erklingt.

Residence Villa Mare, Via Carpani 41, Ortsteil Bagnaia, ☎ 05 65 96 10 09, 📠 05 65 96 11 91. ⏱ Ostern–Okt. Ⓢ–Ⓢ⑤

Hotel Punta Pina, gleiche Adresse, ☎ 📠 wie Villa Mare. Ⓢ–Ⓢ
Beide 50 m vom Strand im Grünen, auch Apartments mit Kochnische.

Diskothek **Sunset,** gemütliche Atmosphäre, auch das Segelzentrum Elba macht Feste.

Segelschule: **Segelzentrum Elba,** Ortsteil Bagnaia, ☎ 05 65 96 10 90 (s. S. 22).

Tipp Eine gute Strecke für **Mountainbikefahrer** führt mit hervorragenden Ausblicken auf die Bucht von Portoferraio die wenig befahrene Schotterstraße entlang nach Nisporto.

Eine wunderschöne Panoramastraße führt von Bagnaia über den Aussichtspunkt *Punta Falconara* nach *Nisporto* (s. S. 86). Allerdings lautet das Motto hier „Elba im 1. Gang". Offensichtlich besitzen die reichen Eigentümer der Villen in diesem Teil Elbas alle einen Geländewagen und legen daher keinen Wert auf die Asphaltierung dieser Strecke.

*Santo Stefano alle Trane

Das besterhaltene Beispiel Pisaner Romanik auf Elba liegt romantisch in einer toskanisch anmutenden Hügellandschaft. Gleich hinter Magazzini, Richtung Portoferraio, biegt man in einer scharfen Rechtskurve links ab (bei dem rosa Haus). Schon bei der Anfahrt begrüßt die kleine Kirche auf dem Hügel den Reisenden. Die sehr regelmäßig behauenen und zusammengefügten Kalksteinquader verleihen dem Bau aus der zweiten Hälfte des 12. Jhs. eine strenge Anmut. Die dreibogige Fassadenuntergliederung mit Blendarkaden sowie mit ihren darüber gestellten Lisenen zeigt deutlich den Dom von Pisa als Vorbild. Beachtung verdienen die reich mit Tier- und Pflanzenmotiven und Gesichtern dekorierten Konsolen der Apsis sowie der Schmuck der rechten Längsseite (Konsolen und Dachgesims). Das Fabeltier der rechten Türkonsole erinnert noch an vorromanische Ornamentik. Elba lag eben auch im 12. Jh. nicht im Zentrum der Entwicklung neuer Kunstrichtungen.

Hotel Santo Stefano, direkt neben der Kirche wohnt man absolut ruhig, fast idyllisch wie in der Toskana, Ortsteil Santo Stefano, Portoferraio, ☎ 05 65 93 31 61, 📠 05 65 93 34 52. ⏱ Ende März–Mitte Okt. Ⓢ

Sehr zu empfehlen die Nudeln mit Fischsoße *(pasta alla gallinella)* im gemütlichen Restaurant. Ⓢ

*La Chiusa und Acquabona

Das bekannteste Weingut der Insel heißt *La Chiusa, „die Eingeschlossene". Der Mauer, die es seit dem 18. Jh. umgibt, verdankt es seinen Namen. Auch der Weinkeller und die Familienkapelle des rustikalen Herrenhauses stammen aus dem 18. Jh. Kurz nach der Rückkehr zur Hauptstraße von Santo Stefano alle Trane führt rechts ein mit Olivenbäumen gesäumter Weg zum Gut. Die Familie Foresi keltert hier seit Napoleons Zeiten ihre Spitzenweine, auch Napoleon ließ sich hier zweimal verwöhnen.

Die Reben der 20 ha werden mit viel Mühe niedrig gehalten, die Trauben eigens sortiert, um den Elba Bianco D O C, den Elba Rosso D O C, einen Rosé, sowie den Aleatico-Wein zu erzeugen. Eine Spezialität des Gutes ist der mäßig süße Passito Bianco, eine Art Sherry, der aus der Procanico-Traube gewonnen wird. Ein kleiner Spaziergang entlang der Weinreben hinunter zum Meer, rechts Volterraio im Blick, kann nach der Weinprobe sicher nicht schaden.

ROUTE 6

⏲ Während der Sommerzeit 9–12, 17–19 Uhr, sonst 9–12, 16–17 Uhr, So geschl.; ☎ 05 65 93 30 46.

 Gegenüber der Zufahrt liegt ein viel besuchtes (Reservierung notwendig) Restaurant, in dem man gute rustikale Küche serviert bekommt: **La Carretta,** ☎ 05 65 93 32 23. Ⓢ–Ⓢ

Eines der typischen kleinen Weingüter Mittelelbas besucht man ein Stückchen weiter links, Abfahrt an den Verkehrsschildern „Zufahrt für Lastwagen verboten" und „Höchstgeschwindigkeit 30". Die Zypressenallee weist den Weg zur Azienda Agricola **Monte Fabbrello.** Nicht so gestylt wie auf La Chiusa, dafür gemütlicher. Die Garage dient als Probierstube, im Sommer wird auch Obst und Gemüse aus eigenem Anbau verkauft. Neben den 3 ha Weinreben bessern Ferienwohnungen den Verdienst auf. ☎ 05 65 93 33 24.

Wer weiteren Wein probieren möchte, fährt die Zypressenallee weiter, biegt dann links ab, bis, wieder links, das Hinweisschild „Acquabona" kommt. Neben dem Golfplatz breiten sich die 14,5 ha des Weinguts aus. Auch in **Acquabona** hält man die Reben bewusst niedrig, setzt arbeitsintensive Pflege als Grundlage von Spitzenweinen voraus. Neben den hervorragenden Elba Rosso D O C und Elba Bianco D O C sei besonders auf den Ansonica-Wein sowie die

Reste der römischen Villa Le Grotte

Polyglott **91**

ROUTE 6

duftige und im Geschmack angenehm milde Grappa hingewiesen. ☎ und 🖷 05 65 93 30 13. ⏱ 10–13, 16–19.30 Uhr, So geschlossen.

 Le Picchiaie, 57037 Portoferraio, ☎ 05 65 93 31 10, 🖷 05 65 93 31 86. ⏱ April bis Ende Okt. Liegt in Richtung Portoferraio am Monte Orello. Schöne, herrlich im Grünen gelegene Hotelanlage mit Swimmingpool, Tennisplatz mit Flutlicht, Spielplatz. Ⓢ–Ⓢ))

Golfplatz: **Acquabona Golf,** ☎ 🖷 05 65 94 00 66. Der 9-Loch-Golfplatz, der größte Elbas, liegt wunderschön umgeben von Weinreben. Alle größeren Hotels auf Elba haben Abmachungen mit dem Golfclub, auch Einzelspieler sind zugelassen.

Reitsport: Etwas oberhalb des Hotels „Le Picchiae" findet sich der große Reitstall **Ranch Antonio.** Schattige hohe Kiefern und eine traumhafte Aussicht am Berg warten bei Ausritten. **Fattoria Monte Orello,** Ortsteil Monte Orello, ☎ 05 65 93 32 83. Ferien auf dem Bauernhof in Elbas Mitte, Ausritte durch die Pinienwälder, absolute Ruhe.

 Tipp Direkt an der Hauptstraße nach Portoferraio können sich Ihre Kinder im Freizeitpark **Elbaland** zwischen Dinosauriern, Straußen, Pfauen, Eseln und Pferden austoben.

*Villa Le Grotte und Thermen von San Giovanni

Etwas unvermittelt biegt man an der Hügelkuppe rechts in den Parkplatz zur römischen *Villa Le Grotte ein. Schon wegen des herrlichen *Panoramas sollte man hierhin kommen. Wenn die Sonne abends den Golf und die Altstadt von Portoferraio in rot-goldenes Licht taucht, dann wird es romantisch. Schon die alten Römer, vom Luxus verwöhnt, erholten sich in dieser Villa. Mit ihrem Garten dehnte sie sich über 2 ha aus und war in der Zeit vom 1. Jh. v. Chr. bis zum 1./2. Jh. n. Chr. bewohnt.

Die Funde der Villa (Tonplatten, u. a. mit der geflügelten Psyche zwischen Musikern, Mosaikfußböden, bronzene Türbeschläge) befinden sich im Archäologischen Museum von Portoferraio. Man erkennt noch gut das große Wasserbecken, in dessen Mitte ein gemauertes Rohr für die Erwärmung sorgte. Besonders schön wirken die Mosaiken der Mauern der vielen kleinen Räume, die auch unterhalb in den Hang gebaut waren. Dunkelgrüner Serpentinit und grau-weißer Kalkstein, ab und zu auch ein schwarzes Element, ergeben dieses interessante Farbenspiel. Die diagonal versetzten 10 mal 10 cm großen Steine laufen nach hinten pyramidenförmig zu, eine typisch römische Technik. Eine Initiative pflegt die Ruinen nun besser und reinigt das Gelände regelmäßig.

Esel und Pferde waren die ersten Klienten der **Thermen von San Giovanni.** Die Bauern wussten von der Heilwirkung des schlammigen, im Abraum von Tausenden von Jahren Erzförderung angefüllten Wassers und brachten ihre kranken Tiere hierher. 1957 stellten Mediziner fest, dass der Schlamm reich an organischem Schwefel und Mineralien sowie jodhaltig ist. Heute stehen neben Heilanwendungen Schönheits- und Fitnesskuren im Angebot. Algencremes und andere natürliche Kosmetika kann man in dem kleinen Shop neben dem Thermalgebäude erwerben. Einen schönen Spaziergang im schattigen Park sollte man auf jeden Fall machen.

Terme San Giovanni, ☎ 05 65 91 46 80. ⏱ April–Okt., 8–12.30, 16–19 Uhr.

 Airone, Ortsteil San Giovanni, 57037 Portoferraio, ☎ 05 65 92 91 11, 🖷 05 65 91 74 84. ⏱ ganzjährig, da kein eigenes Kurhotel vorhanden ist, übernimmt das Airone diese Funktion; von den Anwendungen im Haus über Swimmingpool, Tennisplatz bis zum Babysitter wird hier alles geboten. Ⓢ))

Über die Kreuzung Bivio Boni erreicht man *Portoferraio (s. S. 26 ff.).

Praktische Hinweise von A–Z

Devisenvorschriften

Ausländische Währung und italienische Lire dürfen unbeschränkt ein- und ausgeführt werden, müssen aber bei Ein- und Ausreise deklariert werden, wenn die Summe 20 Millionen Lire überschreitet.

Einkaufen

Auf der Insel erhält man alles, was es auch auf dem italienischen Festland gibt: elegante Mode oder Badeschuhe; Supermärkte oder Straßenverkauf von Obst und Wein, Camping- und Sportausrüstung. Keramiken, Weine oder Honigprodukte eignen sich als typische Mitbringsel aus Elba.

Feiertage

1. u. 6. Januar, Ostermontag, 25. April, 1. Mai, 15. August, 1. November, 8. Dezember, 25. und 26. Dezember.

Geld

Die italienische Währungseinheit ist die Lira (Mehrzahl Lire, Abk. L. oder Lit). Für 1000 L. erhält man ca. 1,05 DM; 1 DM = 950 L. (aktuelle Tageskurse bei den Banken). Eurocheques werden pro Scheck bis zu 300 000 Lire eingelöst, bei vielen Bankautomaten kann man direkt abheben.

Haustiere

Hunde und Katzen brauchen einen internationalen Impfpass sowie ein amtstierärztliches Gesundheitszeugnis, das höchstens 30 Tage alt sein darf. Für Hunde sind Leine und Maulkorb (auf Schiffen) vorgeschrieben.

Informationen

erhält man bei den staatlichen italienischen Fremdenverkehrsämtern (ENIT):

D-10178 Berlin, Karl-Liebknecht-Str. 34, ☎ 0 30/2 47 83 97/8, 📠 2 47 83 99;
D-60329 Frankfurt/M., Kaiserstr. 65, ☎ 0 69/25 91 26, 📠 23 28 94;
D-80336 München, Goethestr. 20, ☎ 0 89/53 03 69, 📠 53 45 27;
A-1010 Wien, Kärntner Ring 4, ☎ 01/5 05 16 39, 📠 5 05 02 48;
CH-8001 Zürich, Uraniastr. 32, ☎ 01/2 11 36 33, 📠 2 11 38 85;

auf Elba beim Fremdenverkehrsamt *Azienda di Promozione Turistica dell'Arcipelago Toscano* (APT), 57037 Portoferraio, Calata Italia 26, ☎ 05 65 91 46 71, 📠 05 65 91 63 50.

Hotelverband *Associazione Albergatori Isola d'Elba*, Calata Italia 20/21, ☎ 05 65 91 55 55, 📠 05 65 91 78 65.

Auch die Reisebüros auf Elba helfen bei der Hotelbeschaffung, bei der Anmietung von Apartments, Fahrradverleih, der Vermittlung von Tauchkursen etc. Adressen jeweils bei den Orten.

Elba im Internet: info@mail.arcipelago.turismo.toscana.it
www.arcipelago.turismo.toscana.it
www.elbacom.it/home.it.html
www.elbalink.it/prontoelba
www.elbatuttanatura.com (zur Natur)
web.elbalink.it/tutt'elba.home.ing.html
agenziailva@elbalink.it (zu Hotels)
campeggie@ouverture.it (zu Camping)

Tipp **Elba-Spiegel,** das deutschsprachige Heft enthält Interessantes, Informatives und nützliche Adressen. Veranstaltungen im Monatsheft „Pronto Elba" (ital. u. dt.).

Konsulate

Von Elba nächstgelegene Konsulate:
Deutsche Konsulate:
50123 Florenz, Lungarno Vespucci 30, ☎ 0 55 29 47 22 📠 0 55 28 17 89;
00185 Rom, Via San Martino della Battaglia 4, ☎ 06 49 21 31, 📠 06 445 26 72.

PRAKTISCHE HINWEISE VON A–Z

Österreichisches Konsulat:
00198 Rom, Via Liegi 32,
☏ 0 68 55 29 66, 📠 06 85 35 29 91.
Schweizer Konsulat: 00197 Rom,
Via Barnaba Oriani 61,
☏ 06 80 95 71, 📠 0 68 08 85 10.

Medizinische Versorgung

Mitglieder gesetzlicher Krankenkassen erhalten in Krankheitsfällen kostenlose medizinische Behandlung. Krankenhaus *(Ospedale)* in Portoferraio im Ortsteil San Rocco, ☏ 05 65 93 85 11. Anspruchsausweis E 111 sowie nähere Auskünfte bei den Krankenkassen. Eine private Auslandsreisekrankenversicherung ist zu empfehlen.

Notruf

☏ 1 12 oder 1 13; Feuer: ☏ 1 15.

Öffnungszeiten

Läden haben im Allgemeinen von 9 bis 13 und 15.30–19.30 Uhr geöffnet, im Sommer häufig erst ab 17/18 Uhr, dafür dann bis 23/24 Uhr. In den Ferienzentren auch Sonntagvormittag.

Banken sind Mo–Fr von 8.30 bis 13.30 Uhr geöffnet (einige auch eine Stunde am Nachmittag). In Portoferraio an der Piazza Cavour und in Capoliveri gibt es Geldwechselautomaten.

Museen usw. wechseln häufig ihre Öffnungszeiten, haben aber im Sommer meistens bis spätabends geöffnet.

Tankstellen sind über Mittag sowie an So u. Fei geschlossen. Manche haben Tankautomaten (Bargeld).

Postgebühren

Das Auslandsporto von Italien in europäische Staaten beträgt für eine Postkarte oder einen Brief (bis 20 g) in EU-Länder 800 Lire, sonst 900 Lire.

Rechnungen und Belege

Auch ausländische Touristen müssen sich über erhaltene Dienstleistungen (in Restaurants, Autowerkstätten u. a.) eine ordnungsgemäße Quittung *(ricevuta fiscale)* inklusive Mehrwertsteuer (IVA) ausstellen lassen und diese aufbewahren. Bei Kontrollen durch die italienische Steuerpolizei fällt sonst eine hohe Geldstrafe an.

Telefonieren

kann man in öffentlichen Fernsprechämtern der Telefongesellschaft *Telecom* (nicht in Postämtern). Münzfernsprecher nehmen 100-, 200- und 500-Lire-Münzen. Telefonkarten *(scheda telefonica)* gibt es zu 5000, 10 000 und 15 000 Lire bei den *tabacchi*.

Die Vorwahlen von Italien aus sind: Deutschland 00 49, Österreich 00 43, Schweiz 00 41. In Italien muss auch bei Ortsgesprächen die Ortsvorwahl (auf der Insel 05 65) mitgewählt werden.

Trinkgeld

Trotz üblicher Inklusivpreise sind Trinkgelder nicht aus der Mode; man rundet auf, bei allen persönlichen Dienstleistungen, also auch beim Friseur und im Restaurant.

Zeit

Von Ende März bis Ende September bzw. Oktober gilt auch in Italien die Sommerzeit (MEZ + 1 Stunde).

Zoll

Seit 1993 gibt es für Touristen aus EU-Staaten praktisch keine Zollkontrollen mehr. Folgende Höchstmengen gelten als Anhaltspunkt, nicht als Vorschrift: 800 Zigaretten, 200 Zigarren, 1 kg Tabak, 90 Liter Wein.

Schweizer können Geschenke bis zu 200 sfr. mitbringen, zusätzlich 200 Zigaretten, 1 l Spirituosen und 2 l Wein. Deutsche Italien-Reisende müssen an der Schweizer Grenze alle Waren deklarieren, und diese Freimengen überschreiten, und es muss eine Kaution hinterlegt werden, die am Ende der Transitstrecke dann wieder zurückerstattet wird.

Register

Orts- und Sachregister

Acquabona 91
Architektur 16 ff.

Baden 22
Bagnaia 89 f.
Beach Fly 22
Biodola 40
Bivio Boni 37
Bootsausflüge 22
Bootsvermietung 22

Calamita, Halbinsel 72, 74
Campo all'Aia 40 f.
Cantinas 10
Capo Bianco 36
Capo d'Enfola 36 f.
Capoliveri 14, 16, 17, 70 ff., 74, 75
Caprili 10
Cavo 82 f.
Cavoli 61
Chiessi 57, 58
Colle D'Orano 58

Devisenvorschriften 93

Einkaufen 93

Fahrradverleih 22
Feiertage 93
Fetovaia 60
Fischen 22
Fonte Napoleone 48
Forno 37
Forte Focardo 18, 75 f.

Geld 93
Golf 22
Grassera 84

Haustiere 93

Informationen 93
Innamorata 71, 72, 74

Keramikkurse 23
Klima 8

Konsulate 93
Küche 19 ff.

La Chiusa 28, 90 f.
La Fenicia 50
La Pila 44
Lacona 66 f.
Lage 8
Laghetto di Terranera 79 f.
Landschaft 8
Le Ghiaie 36
Lido di Capoliveri 68 f.

Macchia 9
Madonna del Monte 14, 55 f., 57
Madonna delle Grazie, Wallfahrtskirche 72
Madonna di Montserrato 17, 78
Magazzini 88
Marciana Alta 17, 53 ff.
– Archäologisches Museum 16, 54
– Oratorium des hl. Liborius 54
– Oratorium San Francesco 55
– Sant'Agapito, Kapelle 55
– Santa Caterina 54
Marciana Marina 49 ff.
– Cotone 50
– Santa Chiara, Pfarrkirche 50
Marina di Campo 64 ff.
Medizinische Versorgung 94
Mine 85
Mineralienmuseen 80, 84 f., 85
Mola 75
Monte Capanne 46, 48
Monte Castello 16, 43 f.
Monte Giove 17, 83
Monte Perone 45 f.
Monte Serra 86
Morcone 72, 74
Motorroller, -räder 23

Naregno 75
Natur 9 f.
Nisportino 86

Nisporto 86, 90
Norsi 68
Notruf 94

Öffnungszeiten 94
Ottone, Palmengarten 88

Pareti 72, 74
Patresi 57, 58
Poggio 46 f.
Pomonte 57, 59
Porto Azzurro 76 ff.
Portoferraio 14, 26 ff.
– Archäologisches Museum 16, 33 f.
– Chiesa del Sacramento 29
– Chiesa della Misericordia 14, 30
– Darsena 27
– Foresi-Bibliothek 28
– Forte Falcone 32 f.
– Forte Stella 32
– Franziskanerkonvent 30
– Gallo-Turm 27
– Hotel Ape Elbana 29
– Le Galeazze 29
– Linguella-Turm 27 f., 34
– Museo Napoleonico 32
– Pfarrkirche 29
– Piazza Cavour 28
– Piazza della Repubblica 28
– Pinacoteca Foresiana 28, 30
– Porta a Mare 28
– Rathaus 28
– Teatro dei Vigilanti 33
– Villa dei Mulini 14, 32
Postgebühren 94
Procchio 41 f.
Punta Nera 58
Punta Penisola 37

Rechnungen 94
Redinoce 42
Reisezeit 8 f.
Reiten 23, 92
Rio Marina 80 ff.
Rio nell'Elba 84 ff.

San Cerbone 16, 47 f.
San Giovanni 14, 92

REGISTER

San Giovanni, Kirche 45
San Giovanni, Thermen 23, 92
San Giovanni, Wachturm 45
San Martino 14, 38 f., 40
San Piero in Campo 16, 17, 62 f.
Sant'Andrea 56 f.
Sant'Ilario 44, 63
Santa Catarina, Kirche 86
Santo Stefano alle Trane 17, 90
Scaglieri 37, 40
Seccheto 60
Segelschulen 22, 42, 89, 90
Spartaia 42
Sprache 17
Surfschulen 22

Tafoni 50, 56
Tauchschulen 22
Telefonieren 94
Thermalkuren 23
Topinetti 82
Trinkgeld 94

Umwelt 11

Veranstaltungen 18
Villa Le Grotte 16, 34, 92
Villa San Martino 14, 28, 38 f.
Viticcio 37 f.
Volterraio, Kastell 17, 79, 87 f.

Wandern 23, 43, 47, 55, 57, 74, 78, 83, 86, 88
Wasserski 22
Weinbau 20, 90 f.
Wirtschaft 11

Zanca 56
Zeit 94
Zoll 94

Personenregister

Appiani 12, 17, 26, 48, 54, 55, 70, 76, 80
Appiano, Gherardo 12
Appiano, Jacopo II. 48
Appiano, Jacopo V. 70
Appiano, Jacopo VI. 84

Bellucci, Giovanni Battista 33

Camerini, Giovan Battist 32, 33
Campbell, Lord 14
Canova, Antonio 38
Cerbone, hl. 16, 48
Cheir ed-din 70, 79, 84
Cioci, Antonio 30
Comte de Laugier 30
Cosimo I. 12, 26, 29

Demidoff, Anatol 32, 38
Dragut, Pirat 54, 59, 62

Etrusker 12, 16, 33, 39, 43, 54, 84

Foresi, Alessandro 28
Foresi, Mario 28
Foresi, Raffaello 28
Foscardo, Fernando Gioacchino 76
Francesco, I. Großherzog 84
Franzosen 18

Gnäus Pompejus 79
Gregor d. Gr., Papst 47
Grimaldus Bernottus 55

Hugo, Victor 28, 56

Karl V., Kaiser 12, 26, 84
Ludovisi, Niccolò 12, 54, 84

Marcius 54
Marie-Louise von Österreich 38
Mata, Niccolò 38

Napoleon 12 ff., 29, 32, 38, 56, 70, 80, 90

Paolina Borghese 38, 42
Piraten 17, 79
Piston, Alejandro 76
Pons y León, José 78
Publius Acilius Attianus 34

Römer 12, 16, 54, 70, 84

Sinan Pascha 70

Walewska, Maria Gräfin 14, 38